Friedrich Engels

Die preußische Militärfrage und die deutsche Arbeiterpartei

Friedrich Engels

Die preußische Militärfrage und die deutsche Arbeiterpartei

ISBN/EAN: 9783743453203

Hergestellt in Europa, USA, Kanada, Australien, Japan

Cover: Foto ©Suzi / pixelio.de

Manufactured and distributed by brebook publishing software (www.brebook.com)

Friedrich Engels

Die preußische Militärfrage und die deutsche Arbeiterpartei

Die

Preußische Militärfrage

und die

Deutsche Arbeiterpartei.

Von

Friedrich Engels.

Hamburg.

Otto Meißner.

1865.

Die Debatte über die Militärfrage ist bisher lediglich zwischen der Regierung und Feudalpartei auf der einen, und der liberalen und radikalen Bourgeoisie auf der anderen Seite geführt worden. Jetzt, wo die Krisis herannaht, ist es an der Zeit, daß auch die Arbeiterpartei sich ausspricht.

In der Kritik der militärischen Thatsachen, um die es sich handelt, können wir nur von den vorliegenden thatsächlichen Verhältnissen ausgehen. Wir können der preußischen Regierung nicht zumuthen, anders zu handeln, als vom preußischen Standpunkt aus, solange die jetzigen Verhältnisse in Deutschland und Europa bestehen. Ebensowenig muthen wir der Bourgeois-Opposition zu, von einem andern als von dem Standpunkt ihrer eigenen Bourgeois-Interessen auszugehen.

Die Partei der Arbeiter, die in allen Fragen zwischen Reaction und Bürgerthum außerhalb des eigentlichen Konflikts steht, hat den Vortheil, solche Fragen ganz kaltblütig und unparteiisch behandeln zu können. Sie allein kann sie wissenschaftlich behandeln, historisch, als ob sie schon vergangen, anatomisch, als ob sie schon Cadaver wären.

I.

Wie es mit der preußischen Armee nach dem früheren System aussah, darüber können nach den Mobilmachungs-Versuchen von 1850 und 1859 keine zwei Meinungen sein. Die absolute Monarchie war seit 1815 durch die öffentliche Zusage gebunden: keine neuen Steuern zu erheben und keine Anleihen auszuschreiben ohne vorherige Genehmigung der künftigen Landes=vertretung. Diese Zusage zu brechen, war unmöglich; keine An=leihe ohne solche Genehmigung versprach den geringsten Erfolg. Die Steuern waren aber im Ganzen so eingerichtet, daß bei steigendem Landesreichthum ihr Ertrag keineswegs in demselben Verhältniß stieg. Der Absolutismus war arm, sehr arm, und die außerordentlichen Ausgaben in Folge der Stürme von 1830 waren hinreichend, ihn zur äußersten Sparsamkeit zu nöthigen. Daher die Einführung der zweijährigen Dienstzeit, daher ein Ersparnißsystem in allen Zweigen der Armeeverwaltung, das die für eine Mobilmachung bereit zu haltenden Ausrüstungs=gegenstände nach Quantität und Qualität auf das allerniedrigste Niveau reduzirte. Trotzdem sollte Preußens Stellung als Groß=macht behauptet werden; hierzu bedurfte man, für den Beginn eines Kriegs, einer möglichst starken ersten Feldarmee, und schlug daher die Landwehr ersten Aufgebots dazu. Man sorgte also dafür, daß gleich beim ersten drohenden Kriegsfall eine Mobil=machung nöthig wurde, und daß mit dieser das ganze Gebäude zusammenbrach. Der Fall trat 1850 ein und endete mit dem vollständigsten Fiasco Preußens.

1850 kam man bloß dahin, die materiellen Mängel des Systems kennen zu lernen; die ganze Sache war vorüber, ehe die moralischen Blößen hervortreten konnten. Die von den Kammern bewilligten Fonds wurden benutzt, um den materiellen Mängeln soweit möglich abzuhelfen. Soweit möglich; denn es wird unter allen Umständen unmöglich sein, das Material der Art bereit zu halten, daß in 14 Tagen die eingezogenen Re=serven, und nach 14 Tagen das ganze erste Aufgebot der Land=wehr schlagfertig ausgerüstet sein kann. Man vergesse nicht, daß die Linie höchstens 3 Jahrgänge, Reserve und erstes Aufgebot aber zusammen 9 Jahrgänge zählten, also für 3 schlagfertige Liniensoldaten in 4 Wochen mindestens 7 Eingezogene auszurüsten waren. Nun kam der italienische Krieg von 1859, und damit eine neue allgemeine Mobilmachung. Auch hier traten noch materielle Mängel genug hervor, sie traten aber weit zurück gegen die moralischen Blößen des Systems, welche jetzt erst, bei der längeren Dauer des mobilen Standes, aufgedeckt wurden. Die Landwehr war vernachlässigt worden, das ist unläugbar; die Cadres ihrer Bataillone existirten großentheils nicht und mußten erst geschaffen werden; unter den bestehenden Offizieren waren viele für den Felddienst untauglich. Aber selbst wenn dies Alles anders gewesen wäre, so blieb doch immer die Thatsache, daß die Offiziere ihren Leuten nicht anders als ganz fremd sein konnten, fremd namentlich nach der Seite ihrer militärischen Befähigung, und daß diese militärische Befähigung bei den meisten zu gering war, als daß Bataillone mit solchen Offizieren mit Vertrauen gegen erprobte Truppen gesandt werden konnten. Wenn die Landwehroffiziere sich im dänischen Krieg sehr gut geschlagen haben, so vergesse man nicht, daß es ein großer Unterschied ist, ob ein Bataillon $4/_5$ Linien- und $1/_5$ Landwehroffiziere besitzt, oder umgekehrt. Dazu kam aber ein entscheidender Punkt. Es stellte sich sofort heraus, was man hätte vorherwissen können: daß man mit der Landwehr zwar schlagen, namentlich zu Vertheidigung des eignen Landes schlagen, aber unter keinen Umständen demonstriren kann. Die Landwehr ist eine so defensive Institution, daß mit ihr eine Offensive selbst erst in Folge einer zurückgeschlagenen Invasion möglich ist, wie 1814 und 1815. Ein aus meist verheiratheten Leuten von 26 bis 32 Jahren bestehendes Aufgebot läßt sich nicht Monate lang an den Grenzen müßig aufstellen, während täglich die Briefe von Hause einlaufen, daß Frau und

Kinder darben; denn auch die Unterstützungen für die Familien der Einberufenen zeigten sich als über alle Begriffe ungenügend. Dazu kam noch, daß die Leute nicht wußten, gegen wen sie sich schlagen sollten, gegen Franzosen oder Oestreicher — und keiner von Beiden hatte damals Preußen etwas zu Leide gethan. Und mit solchen, durch monatelanges Müßigstehen demoralisirten Truppen sollte man fest organisirte und kriegsgewohnte Armeen angreifen?

Daß eine Aenderung eintreten mußte, ist klar. Preußen mußte unter den gegebenen Verhältnissen eine festere Organisation der ersten Feldarmee haben. Wie ist diese hergestellt worden?

Man ließ die einberufenen 36 Landwehrregimenter der Infanterie einstweilen bestehen, und verwandelte sie allmählig in neue Linienregimenter. Nach und nach wurde auch die Cavalerie und Artillerie soweit vermehrt, daß sie diesem stärkeren Stand der Fußtruppen entsprachen, und endlich wurde die Festungsartillerie von der Feldartillerie getrennt, welches letztere jedenfalls eine Verbesserung vor, namentlich für Preußen. Mit einem Wort, die Infanterie wurde verdoppelt, die Cavalerie und Artillerie ungefähr um die Hälfte erhöht. — Um diesen verstärkten Armeebestand aufrecht zu erhalten, wurde vorgeschlagen, die Dienstzeit in der Linie von 5 auf 7 Jahre auszudehnen — 3 Jahre bei den Fahnen (bei der Infanterie), 4 in der Reserve — dagegen die Verpflichtung zum zweiten Aufgebot der Landwehr um 4 Jahre abzukürzen, und endlich die jährliche Rekrutirung von der bisherigen Zahl von 40,000 auf 63,000 zu erhöhen. Die Landwehr wurde inzwischen ganz vernachlässigt.

Die Vermehrung der Bataillone, Schwadronen und Batterien, wie sie hiermit festgesetzt war, entsprach fast genau der Vermehrung der Bevölkerung Preußens von 10 Mill. 1815 auf 18 Mill. 1861; da Preußens Reichthum inzwischen rascher gewachsen ist als seine Bevölkerung, und da die andern europäischen Großstaaten ihre Heere seit 1815 in weit größerem Maße verstärkt haben, so war eine solche Vermehrung der Cadres sicher nicht zu hoch gegriffen. Dabei erschwerte der Vorschlag von allen Lasten des Dienstpflichtigen nur die der jüngsten Altersklassen, die Reservepflicht, erleichterte dagegen die Landwehrpflicht in den ältesten Jahresklassen im doppelten Verhältniß, und hob thatsächlich das zweite Aufgebot fast ganz auf, indem nun das erste Aufgebot so ziemlich die früher dem zweiten angewiesene Stellung erhielt.

Dagegen ließ sich wider den Entwurf einwenden:

Die allgemeine Wehrpflicht — beiläufig die einzige demokratische Institution, welche in Preußen, wenn auch nur auf dem Papier, besteht — ist ein so enormer Fortschritt gegen alle bisherigen militärischen Einrichtungen, daß wo sie einmal, wenn auch nur in unvollkommener Durchführung, bestanden hat, sie auf die Dauer nicht wieder abgeschafft werden kann. Es gibt nur zwei klar bestimmte Grundlagen für unsere heutigen Heere: entweder Werbung — und diese ist veraltet und nur in Ausnahmsfällen wie England möglich — oder allgemeine Wehrpflicht. Alle Conscriptionen und Ausloosungen sind eben nur sehr unvollkommene Formen der letzteren. Der Grundgedanke des preußischen Gesetzes von 1814: daß jeder Staatsbürger, der körperlich dazu fähig, auch verpflichtet ist, während seiner waffenfähigen Jahre persönlich die Waffen zur Vertheidigung des Landes zu führen — dieser Grundgedanke steht hoch über dem Princip des Stellvertreter-Kaufs aller Conscriptionsländer, und wird nach fünfzigjährigem Bestehen sicher nicht den sehnsüchtigen Wünschen der Bourgeoisie nach Einführung des

„Menschenfleisch-Handels", wie die Franzosen sagen, zum Opfer fallen.

Ist aber die preußische Wehrverfassung einmal auf allgemeine Dienstpflicht, ohne Stellvertretung begründet, so kann sie nur dadurch in ihrem eignen Geist und wohlthätig fortgebildet werden, daß ihr Grundprincip immer mehr verwirklicht wird. Sehen wir, wie es damit steht.

1815 auf 10 Millionen Einwohner 40,000 Ausgehobene, macht 4 aufs Tausend. 1861 auf 18 Millionen 63,000 Ausgehobene, macht 3½ aufs Tausend. Also ein Rückschritt, wenn auch ein Fortschritt gegenüber dem Stand der Dinge bis 1859, wo bloß 2²/₉ aufs Tausend ausgehoben wurden. Um nur den Procentsatz von 1815 wieder zu erreichen, müßten 72,000 Mann ausgehoben werden. (Wir werden sehen, daß allerdings jedes Jahr ungefähr diese Zahl oder mehr in das Heer eintritt.) Aber ist die kriegerische Stärke des preußischen Volkes mit einer jährlichen Rekrutirung von 4 aufs Tausend der Bevölkerung erschöpft?

Die Darmstädter Allgemeine Militärzeitung hat wiederholte Male aus den Statistiken der deutschen Mittelstaaten nachgewiesen, daß in Deutschland vollkommen die Hälfte der zur Rekrutirung kommenden jungen Leute diensttauglich ist. Nun betrug die Anzahl der im Jahre 1861 zur Rekrutirung kommenden jungen Männer, nach der Zeitschrift des Preuß. statistischen Bureaus (März 1864) — 227,005. Dies gäbe jährlich 113,500 diensttaugliche Rekruten. Wir wollen von diesen 6500 als unabkömmlich oder moralisch unfähig streichen, so bleiben immer noch 107,000 übrig. Warum dienen von diesen nur 63,000 oder höchstens 72—75,000 Mann?

Der Kriegsminister v. Roon theilte in der Session 1863

der Militär-Commission des Abgeordnetenhauses folgende Aufstellung mit über die Aushebung von 1861:

Gesammtzahl der Bevölkerung (Zählung von 1858)		17,758,823
Zwanzigjährige Militärpflichtige, Klasse 1861		217,438
Aus früheren Jahren übernommene Militärpflichtige, über die noch nicht endgültig entschieden	348,364	565,802
Davon sind:		
1) Unermittelt geblieben		35,770
2) In andere Kreise gezogen und dort gestellungspflichtig geworden		82,216
3) Ohne Entschuldigung ausgeblieben		10,900
4) Als dreijährige Freiwillige eingetreten		3,025
5) Zum einjährigen Freiwilligen-Dienst berechtigt		14,811
6) Als Theologen zurückgestellt oder befreit		1,638
7) Seedienstpflichtig		209
8) Als moralisch unfähig gestrichen		596
9) Augenfällig unbrauchbar von der Bezirks-Commission entlassen		2,489
10) Dauernd unbrauchbar von der Bezirks-Commission entlassen		15,238
11) Zur Ersatzreserve übergetreten:		
a. Unter 5 Fuß nach dreimaliger Concurrenz	8,998	
b. Unter 5' 1" 3''' = =	9,553	
c. Zeitig unbrauchbar = =	46,761	
d. Wegen häusl. Verhältn. = =	4,213	
e. Disponibel nach fünfmaliger Concurrenz	291	69,816
12) Zum Train designirt, außer den zum Train Ausgehobenen		6,774
13) Auf ein Jahr zurückgestellt:		
a. Zeitig unbrauchbar	219,136	
b. Wegen häusl. Verhältnisse	10,013	
c. Wegen Ehrenstrafen und Untersuchung	1,087	230,236 493,868
Bleiben zur Aushebung		69,934
Wirklich ausgehoben		59,459
	Bleiben disponibel	10,475

So unvollkommen diese Statistik ist, so unklar sie Alles dadurch macht, daß in jeder Position von 1 bis 13 die Leute der Altersklasse 1861 mit den aus den beiden früheren Altersklassen verfügbar gebliebenen Leuten zusammen geworfen werden, so erhält sie doch einige sehr kostbare Eingeständnisse.

Es wurden eingestellt als Rekruten 59,459 Mann. Als dreijährige Freiwillige traten ein 5025. Zum einjährigen Dienst waren berechtigt 14,811; da man es bekanntlich mit der Tauglichkeit der einjährigen Freiwilligen gar nicht so genau nimmt, weil sie nichts kosten, so dürfen wir annehmen, daß mindestens die Hälfte, also 7400, wirklich eintraten. Dies ist sehr gering gerechnet; die Klasse von Leuten, die zum einjährigen Dienst qualificiren, besteht ohnehin meistens aus tauglichen Leuten; solche, die von vornherein unbrauchbar sind, geben sich gar nicht erst die Mühe zu qualificiren. Doch nehmen wir 7400 an. Danach traten in die Armee ein im Jahre 1861 zusammen 71,884 Mann.

Sehen wir weiter. Als Theologen wurden zurückgestellt oder befreit 1638 Mann. Warum die Herren Theologen nicht dienen sollen, ist nicht abzusehen. Im Gegentheil, ein Jahr Armeedienst, Leben in der freien Luft, und Berührung mit der Außenwelt kann ihnen nur nutzen. Stellen wir sie also flott ein; $\frac{1}{3}$ der Gesammtzahl aufs laufende Jahr, davon drei Viertel untauglich, macht immer 139 Mann, welche mitzunehmen sind.

Es wurden entlassen 18,551 Mann, weil sie das Maaß nicht hatten. Wohlgemerkt, nicht des Dienstes überhaupt, sondern „zur Reserve entlassen." Im Kriegsfall sollen sie also doch Dienst thun. Nur der Paradedienst des Friedens soll ihnen erlassen bleiben, dazu sind sie nicht ansehnlich genug. Man gesteht also zu, daß diese kleinen Leute ganz gut zum Dienst brauchbar sind, und will sie selbst für den Nothfall benutzen. Daß diese kleinen Leute ganz gute Soldaten sein können, beweist die französische Armee, in der Leute bis zu 4 Fuß 8 Zoll herab dienen. Wir schlagen sie also unbedingt zu den militärischen Ressourcen des Landes. Die obige Zahl schließt bloß diejenigen ein, welche definitiv, nach dreimaliger Concurrenz wegen Körperkürze zurückgewiesen wurden; es ist also eine Zahl, die sich jährlich wiederholt. Wir streichen die Hälfte als aus andern Rücksichten unbrauchbar, es bleiben uns also 9275 kleine Kerle, welche ein gewandter Offizier sicher bald in prächtige Soldaten umarbeiten würde.

Ferner finden wir zum Train designirt, außer den zum Train ausgehobenen Leuten, 6774. Der Train gehört aber auch zur Armee, und es ist nicht abzusehen, weßwegen diese Leute nicht die kurze sechsmonatliche Dienstzeit beim Train mitmachen sollen, was sowohl für sie wie für den Train besser wäre.

Wir haben also:

Wirklich in Dienst getretene Leute	71,884
Theologen	139
Taugliche Leute, die das Maß nicht haben	9,275
Zum Train designirte Leute	6,774
Zusammen	88,072 Mann,

welche nach dem eigenen Eingeständniß der von Roon'schen Statistik jedes Jahr in die Armee eintreten könnten, wenn man mit der allgemeinen Wehrpflicht Ernst machte.

Nehmen wir nun die Unbrauchbaren vor.

Es werden auf ein Jahr zurückgestellt als zeitig unbrauchbar	219,136 Mann.
Nach dreimaliger Concurrenz, als ditto, in die Reserve verwiesen	46,761 =
Als dauernd unbrauchbar gestrichen nur	17,727 =
Zusammen	283,624 Mann,

so daß die wegen wirklicher körperlichen Gebrechen dauernd untauglichen Leute noch nicht 7% der sämmtlichen, wegen Untauglichkeit vom Dienst ausgeschlossenen Mannschaft, noch nicht 4% der gesammten, jährlich vor die Ersatzcommissionen kommenden Leute bilden. Beinahe 17% der zeitig Untauglichen werden jährlich, nach dreimaliger Concurrenz, in die Reserve verwiesen. Es sind also 23jährige Leute, Leute in einem Alter, wo die Körperconstitution bereits anfängt sich zu setzen. Wir werden sicher nicht zu hoch greifen, wenn wir annehmen, daß von diesen ein Drittel nach erreichtem 25. Lebensjahre zum Dienst ganz brauchbar ist, macht 15,587 Mann. Das Mindeste, was man von diesen Leuten erwarten kann, ist, daß sie zwei Jahre lang jedes Jahr bei der Infanterie drei Monate Dienst thun, um wenigstens die Rekrutenschule durchzumachen. Dies käme gleich einer Vermehrung der Friedensarmee um 3897 Mann.

Nun ist aber das ganze medizinische Prüfungswesen der Rekruten in Preußen in eine eigenthümliche Bahn gelenkt worden. Man hatte immer mehr Rekruten als man einstellen konnte, und man wollte doch den Schein der allgemeinen Wehrpflicht beibehalten. Was war bequemer, als sich die besten Leute in der gewünschten Zahl auszusuchen, und den Rest unter irgend welchem Vorwande für untauglich zu erklären? Unter diesen Verhältnissen, welche, wohlgemerkt, seit 1815 in Preußen bestanden haben und noch bestehen, hat der Begriff der Untauglichkeit dort eine ganz abnorme Ausdehnung erhalten, wie dies am besten bewiesen ist durch die Vergleichung mit den deutschen Mittelstaaten. In diesen, wo die Conscription und Ausloosung besteht, lag kein Grund vor, mehr Leute für untauglich zu erklären, als wirklich untauglich waren. Die Verhältnisse sind dieselben wie in Preußen; in einzelnen Staaten, Sachsen z. B., noch schlechter, weil dort der Prozentsatz der industriellen Bevölkerung größer ist. Nun ist wie gesagt in der Allg. Mil.-Ztg. aber und abermals nachgewiesen worden, daß in den Mittelstaaten eine volle Hälfte der zur Gestellung kommenden Leute brauchbar ist, und das muß in Preußen auch der Fall sein. Sobald ein ernsthafter Krieg ausbricht, wird die Vorstellung von der Diensttauglichkeit in Preußen eine plötzliche Revolution erleben, und man wird dann, zu seinem Schaden zu spät, erfahren, wie viel brauchbare Kräfte man sich hat entgehen lassen.

Nun aber kommt das Wunderbarste. Unter den 565,802 Dienstpflichtigen, über die zu entscheiden ist, sind:

Unermittelt geblieben	55,770 Mann.
In andere Kreise gezogen oder dort gestellungspflichtig geworden	82,216 =
Ohne Entschuldigung ausgeblieben	10,960 =
Zusammen	148,946 Mann.

Also trotz der gerühmten preußischen Controle — und wer je in Preußen militärpflichtig war, weiß, was es damit zu sagen hat — verschwinden volle 27% der Dienstpflichtigen in jedem Jahr? Wie ist das möglich? Und wo bleiben die 82,216 Mann, welche aus der Liste gestrichen werden, weil sie „in andere Kreise gezogen, oder dort gestellungspflichtig geworden" sind? Braucht man heutzutage bloß von Berlin nach Potsdam zu ziehen, um von der Dienstpflicht frei zu kommen? Wir wollen annehmen, daß hier — Homer schlummert ja bisweilen — die Herren Beamten in ihrer Statistik einfach einen Bock geschossen haben, nämlich daß diese 82,216 Mann unter der Gesammtsumme von 565,802 zweimal figuriren: erstens in ihrem Heimathskreise und zweitens in dem Kreise, wohin sie ausgewandert sind. Es wäre sehr zu wünschen, daß dies festgestellt würde, wozu die Militärcommission der Kammer die beste Gelegenheit hat, denn eine Reduction der wirklichen Militärpflichtigen auf 483,586 würde alle Prozentsätze bedeutend ändern. Nehmen wir indeß an, daß dem so ist, so bleiben immer noch 66,730 Mann, welche

jährlich verschwinden und verdunsten, ohne daß die preußische
Controle und Polizei sie unter den Helm bringen kann. Das
sind beinahe 14%, der Dienstpflichtigen. Hieraus folgt, daß
die ganze Erschwerung der Freizügigkeit, welche unter dem Vor=
wand der Militärpflichts=Controle in Preußen herrscht, voll=
ständig überflüssig ist. Die wirkliche Auswanderung
aus Preußen ist notorisch sehr gering, und steht in gar
keinem Verhältniß zu der Zahl der verdunsteten Rekruten.
Diese beinahe 67,000 Mann wandern auch gar nicht alle aus.
Der größte Theil bleibt entweder ganz im Inlande, oder geht
nur auf kurze Zeit ins Ausland. Ueberhaupt sind alle Prä=
ventiv=Maßregeln gegen Entziehung von der Militärpflicht
unnütz, und treiben höchstens zur Auswanderung an. Die
Masse der jungen Leute kann ohnehin nicht auswandern.
Man lasse nur die Leute richtig und ohne Gnade nach dienen,
die sich der Einstellung entzogen haben, so braucht man den
ganzen Plunder von Plackerei und Schreiberei nicht, und be=
kommt mehr Rekruten als vorher.

Wir wollen übrigens, um ganz sicher zu gehen, nur das=
jenige als erwiesen annehmen, was aus Herrn von Roon's
eigner Statistik hervorgeht: nämlich, daß, die einjährigen Frei=
willigen ungerechnet, 85,000 junge Leute jährlich eingestellt
werden können. Nun ist der Stand der jetzigen Friedensarmee
ungefähr 210,000 Mann. Bei zweijähriger Dienstzeit geben
85,000 Mann jährlich zusammen 170,000 Mann, wozu Offi=
ziere, Unteroffiziere und Kapitulanten, 25 bis 35,000 Mann,
kommen, macht zusammen 195 bis 205,000 Mann,
mit den einjährigen Freiwilligen 202 bis 212,000 Mann.
Mit zweijähriger Dienstzeit der Infanterie und Fußartillerie
(von der Cavalerie sprechen wir später) können also selbst nach
der eigenen Statistik der Regierung sämmtliche Cadres der
reorganisirten Armee auf den vollen Friedensstand

gebracht werden. Bei wirklicher Durchführung der allgemeinen Wehrpflicht würde man, bei zweijähriger Dienstzeit höchst wahrscheinlich 30,000 Mann mehr haben; man könnte also, um doch die Zahl von 200—210,000 Mann nicht zu überschreiten, einen Theil der Leute schon nach 1—1½ Jahr entlassen. Eine solche frühere Entlassung als Prämie für Diensteifer würde der ganzen Armee mehr nützen als sechs Monate längerer Dienstzeit.

Der Kriegsfuß würde sich wie folgt stellen:

4 Jahrgänge des Reorganisationsplans ergeben à 63,000 Mann 252,000 Reservisten. 3 Jahrgänge à 85,000 ergeben 255,000 Reservisten. Also sicher ebenso günstig wie der Reorganisationsplan. (Da es sich hier nur um das Verhältniß handelt, macht es nichts aus, daß wir von den Abgängen der Reserve-Altersklassen hier ganz absehen.)

Hier liegt der schwache Punkt des Reorganisationsplans. Unter dem Schein, auf die ursprüngliche allgemeine Wehrpflicht zurückzugreifen, welche allerdings ohne eine Landwehr als große Armeereserve nicht bestehen kann, macht er vielmehr eine Schwenkung nach dem französisch-östreichischen Cadresystem hin, und bringt dadurch eine Unsicherheit in die preußische Wehrverfassung, die von den schlimmsten Folgen sein muß. Man kann nicht beide Systeme vermischen, man kann nicht die Vortheile beider zugleich haben. Es ist unläugbar, und nie bestritten worden, daß ein Cadressystem mit langer Dienst- und Präsenzzeit der Armee für den Anfang des Kriegs große Vortheile gewährt. Die Leute kennen sich besser; selbst die Beurlaubten, denen der Urlaub meist nur auf kürzere Zeit auf einmal zugemessen wird, sehen sich während der ganzen Urlaubszeit als Soldaten an und sind stets auf dem Sprunge, zu den Fahnen einberufen zu werden — was die preußischen Reservisten sicher nicht sind; die Bataillone haben dadurch unbedingt mehr Halt, wenn sie zum ersten Mal ins Feuer kommen. Dagegen ist einzuwenden, daß wenn man hierauf am meisten sieht, man ebensogut das englische System der zehnjährigen Dienstzeit bei den Fahnen annehmen kann; daß den Franzosen ihre algierischen Feldzüge, die Kriege in der Krim und in Italien sicher weit mehr genützt haben als die lange Dienstzeit; und daß man endlich, bei diesem System, nur einen Theil des waffenfähigen Materials ausbilden kann, also lange nicht alle Kräfte der Nation in Thätigkeit bringt. Außerdem gewöhnt sich der deutsche Soldat erfahrungsmäßig sehr leicht ans Feuer, und drei tüchtige, mit mindestens wechselndem Glück durchgeführte Gefechte bringen ein sonst gutes Bataillon schon so weit, wie ein ganzes Jahr Extra-Dienstzeit. Für einen Staat wie Preußen ist das Cadressystem eine Unmöglichkeit. Mit dem Cadressystem brächte Preußen es auf eine Armee von höchstens 3—400,000 Mann, bei einem Friedensstande von 200,000 M. Soviel aber hat es, um als Großmacht sich zu halten, schon für die erste Feldarmee zum Ausrücken nöthig, d. h. es bedarf, mit Festungsbesatzungen, Ersatzmannschaften, u. s. w. für jeden ernsthaften Krieg 5—600,000 Mann. Wenn die 18 Millionen Preußen im Krieg ein annähernd ebenso zahlreiches Heer aufstellen sollen wie die 35 Mill. Franzosen, 34 Mill. Oestreicher, und 60 Mill. Russen, so kann das nur durch allgemeine Dienstpflicht, kurze aber angestrengte Dienstzeit, und verhältnißmäßig lange Landwehrverpflichtung geschehen. Man wird bei diesem System immer von der Schlagfertigkeit und selbst von der Schlagtüchtigkeit der Truppe, im ersten Augenblicke des Kriegs, etwas zu opfern haben; Staat und Politik werden einen neutralen, defensiven Charakter erhalten; man wird sich aber auch erinnern dürfen, daß die übermüthige Offensive des Cadressystems von Jena nach Tilsit, und die bescheidne Defensive des Landwehrsystems mit allgemeiner Dienstpflicht von der Katzbach nach Paris geführt hat. Also: Entweder Conscription und Stellvertretung mit 7—8jähriger Dienstzeit, wovon etwa die Hälfte bei den Fahnen, und dann keine spätere Landwehrverpflichtung; oder aber, allgemeine Dienstpflicht mit 5, höchstens 6jähriger Dienstzeit, wovon 2 bei den Fahnen, und dann Landwehrverpflichtung in preußischer oder schweizerischer Art. Aber daß die Masse des Volks erst die Last des Conscriptionssystems und nachher noch die des Landwehrsystems tragen soll, das kann keine europäische Nation mitmachen, nicht einmal die Türken, die doch in ihrer kriegerischen Barbarei im Ertragen noch das Meiste leisten. Viele ausgebildete Leute bei kurzer Dienstzeit und langer Verpflichtung, oder wenige bei langer Dienstzeit und kurzer Verpflichtung — das ist die Frage; aber man muß entweder das Eine oder das Andre wählen.

William Napier, der den englischen Soldaten natürlich für den ersten der Welt erklärt, sagt in seiner Geschichte des Halbinselkriegs, daß der englische Infanterist nach dreijähriger Dienstzeit nach allen Seiten vollständig ausgebildet sei. Nun muß man wissen, daß die Elemente, aus denen sich die englische Armee zu Anfang dieses Jahrhunderts zusammensetzte, die niedrigsten waren, aus denen überhaupt ein Heer gebildet werden kann. Die heutige englische Armee ist aus viel bessern Elementen gebildet, und auch diese sind noch unendlich schlechter, in moralischer und intellectueller Beziehung, als die Elemente der preußischen Armee. Und was die englischen Offiziere mit jenem Lumpengesindel in drei Jahren fertig brachten, das sollte man in Preußen mit dem so äußerst bildsamen, theilweise schon so gebildeten, von vorn herein moralisch geschulten Rekruten-Rohstoff nicht in 2 Jahren machen können?

Allerdings muß der Soldat jetzt mehr lernen. Aber das ist

nie ernstlich gegen die zweijährige Dienstzeit eingewandt worden. Man hat sich stets auf die Anerziehung des wahren Soldatengeistes gestützt, der erst im dritten Dienstjahr herauskomme. Dies ist, wenn die Herren ehrlich heraussprechen, und wenn wir von der oben zugegebenen größeren Tüchtigkeit der Bataillone absehn wollen, weit mehr ein politisches als ein militärisches Motiv. Der wahre Soldatengeist soll sich am inneren Düppel mehr bewähren als am äußeren. Wir haben nie gesehen, daß der einzelne preußische Soldat im dritten Dienstjahre etwas mehr gelernt hat als sich langweilen, den Rekruten Schnäpse auspressen, und über seine Vorgesetzten schlechte Witze reißen. Wenn die meisten unsrer Offiziere nur ein Jahr als Gemeine oder Unteroffiziere gedient hätten, so könnte ihnen dies unmöglich entgangen sein. — Der „wahre Soldatengeist," soweit er politischer Natur ist, geht erfahrungsmäßig und sehr rasch zum Teufel und zwar auf Nimmerwiederkehren. Der militärische bleibt, auch nach 2 Dienstjahren.

Zwei Jahre Dienstzeit reichen also, bei unsern Soldaten, vollständig hin, sie für den Infanteriedienst auszubilden. Seitdem die Feldartillerie von der Festungsartillerie getrennt ist, gilt von der Fußartillerie dasselbe; einzelne Schwierigkeiten, welche sich hier zeigen mögen, werden sich heben lassen, sei es durch noch größere Theilung der Arbeit, sei es durch die ohnehin wünschenswerthe Vereinfachung des Soldartillerie-Materials. Eine größere Einstellung von Kapitulanten würde ebenfalls keine Schwierigkeiten finden; aber diese Klasse von Leuten ist ja grade in der preußischen Armee gar nicht gern gesehen, sofern sie sich nicht zu Unteroffizieren eignen — welch ein Zeugniß gegen die lange Dienstzeit! Nur bei der Festungsartillerie und mit ihrem so sehr mannichfaltigen Material, und beim Genie mit seinen vielseitigen Arbeitszweigen, die doch nie ganz getrennt werden können, werden intelligente Kapitulanten werthvoll, aber auch selten sein. Die reitende Artillerie wird die Dienstzeit der Cavalerie nöthig haben.

Was die Cavalerie betrifft, so braucht eine geborene Reiterei nur kurze, eine erzogene dagegen unbedingt lange Dienstzeit. Wir haben wenig geborene Reiterei, und brauchen daher die vierjährige Dienstzeit des Reorganisationsplanes sicher. Die Reiterei hat zu ihrer einzigen wahren Kampfform den geschlossenen Angriff mit der blanken Waffe, zu dessen Durchführung der höchste Muth und das vollste Vertrauen der Leute auf einander gehört. Die Leute müssen also wissen, daß sie sich auf einander und auf ihre Führer verlassen können. Dazu gehört lange Dienstzeit. Aber ohne Vertrauen des Reiters auf sein Pferd taugt die Cavalerie auch nichts; der Mann muß eben reiten können, und um diese Sicherheit in der Beherrschung des Pferdes — d. h. so ziemlich jedes Pferdes, das ihm zugetheilt wird — erlangen zu können, dazu gehört auch lange Dienstzeit. In dieser Waffe sind Kapitulanten unbedingt wünschenswerth, je ächtere Landsknechte, desto besser, so lange sie nur Spaß am Handwerk haben. Man wird uns von oppositioneller Seite vorwerfen, das heiße eine Reiterei von lauter Miethlingen schaffen, die zu jedem Staatsstreich die Hand bieten würde. Wir antworten: mag sein. Aber die Cavalerie wird unter bestehenden Verhältnissen immer reaktionär sein (man vergleiche die badischen Dragoner 1849), grade wie die Artillerie immer liberal sein wird. Das liegt in der Natur der Sache. Ein paar Kapitulanten mehr oder weniger ändern daran nichts. Und beim Barrikadenkampf ist Cavalerie doch nicht zu gebrauchen; der Barrikadenkampf in großen Städten, namentlich die Haltung der Infanterie und Artillerie dabei, entscheidet aber heut zu Tage das Schicksal aller Staatsstreiche.

Nun gibt es aber, außer der Vermehrung der Kapitulanten,

noch andere Mittel, die Schlagfähigkeit und den inneren Zusammenhang einer Armee mit kurzer Dienstzeit zu heben. Hierzu gehören u. A. Uebungslager, wie der Kriegsminister von Roon sie selbst als ein Ausgleichungsmittel der kürzeren Dienstzeit bezeichnet hat. Ferner ein rationeller Betrieb der Ausbildung, und in dieser Beziehung ist in Preußen noch sehr viel zu thun. Der ganze Aberglaube, daß bei kurzer Dienstzeit die übertriebene Präcision des Parademarsches, das „stramme" Exerciren, und das lächerlich hohe Aufheben der Beine — „frei aus dem Hüftgelenk" ein Loch in die Natur stoßen — nöthig seien, um die kurze Dienstzeit aufzuwiegen — dieser ganze Aberglaube beruht auf lauter Uebertreibung. Man hat sich das in der preußischen Armee so lange vorgeredet, bis es zuletzt zu einem unzweifelbaren Axiom geworden ist. Was hat es für einen Vortheil, wenn die Leute bei den Gewehrgriffen das Gewehr mit einer Vehemenz gegen die Schulter schlagen, daß sie beinahe umfallen, und doch ein höchst unmilitärisches Schüttern durch die ganze Front geht, wie man es bei keiner andern Armee sieht? — Endlich ist als ein Aequivalent der verkürzten Dienstzeit — und als das wesentlichste, anzusehn eine bessere körperliche Erziehung der Jugend. Nur muß man dann auch zusehen, daß wirklich etwas geschieht. Man hat zwar in allen Dorfschulen Barren und Reck aufgestellt, aber damit können unsere armen Schullehrer noch wenig anfangen. Man setze in jeden Kreis mindestens einen ausgedienten Unteroffizier hin, der sich zum Turnlehrer qualificirt, und gebe ihm die Leitung des Unterrichts im Turnen; man sorge dafür, daß mit der Zeit der Schuljugend das Marschiren in Reih und Glied, die Bewegungen eines Zugs und einer Kompagnie, die Vertrautheit mit den betreffenden Kommandos beigebracht werden. In 6—8 Jahren wird man reichlich dafür bezahlt werden und — mehr und stärkere Rekruten haben.

Bei der obigen Kritik des Reorganisationsplans haben wir uns, wie gesagt, lediglich an die thatsächlich vorliegenden politischen und militärischen Verhältnisse gehalten. Zu diesen gehört die Voraussetzung, daß unter den jetzigen Umständen die gesetzliche Feststellung der zweijährigen Dienstzeit für die Infanterie und Fußartillerie die höchste zu erreichende Verkürzung der Dienstzeit war. Wir sind sogar der Meinung, daß ein Staat wie Preußen den größten Bock begehen würde — sei an der Regierung welche Partei da wolle — wenn er die normale Dienstzeit augenblicklich noch mehr verkürzte. Solange man die französische Armee auf der einen, die russische auf der andern Seite hat, und die Möglichkeit eines combinirten Angriffs Beider zu gleicher Zeit, braucht man Truppen, die die ersten Elemente der Kriegsschule nicht erst vor dem Feind zu lernen haben. Wir nehmen daher keinerlei Rücksicht auf die Phantasien von einem Milizheer mit sozusagen gar keiner Dienstzeit: wie man sich die Sache vorstellt, ist sie heute für ein Land von 18 Millionen Einwohnern und sehr exponirten Gränzen unmöglich, und selbst für andere Verhältnisse nicht in dieser Weise möglich.

Nach allem Vorhergegangenen: waren die Grundzüge des Reorganisationsplans für ein Abgeordnetenhaus annehmbar, das sich auf den preußischen Standpunkt stellt? Wir sagen, aus militärischen und politischen Gründen: die Vermehrung der Cadres in der durchgeführten Weise, die Verstärkung der Friedensarmee auf 180—200,000 Mann, die Zurückschiebung der Landwehr ersten Aufgebots in die große Armeereserve oder zweite Feldarmee resp. Festungsbesatzung, war annehmbar auf die Bedingung hin: daß die allgemeine Dienstpflicht streng durchgeführt, daß die Dienstzeit auf zwei Jahre bei der Fahne, drei in der Reserve, und bis zum 36. Jahr in der Landwehr gesetzlich festgesetzt, und endlich daß die

Cadres der Landwehr ersten Aufgebots wiederhergestellt wurden. Waren diese Bedingungen zu erlangen? Nur Wenige, die den Debatten gefolgt sind, werden läugnen, daß dies unter der „neuen Aera" und selbst vielleicht noch später möglich war.

Wie benahm sich nun die bürgerliche Opposition?

II.

Die preußische Bourgeoisie, die als der entwickeltste Theil der ganzen deutschen Bourgeoisie hier ein Recht hat, diese mit zu repräsentiren, fristet ihre politische Existenz durch einen Mangel an Muth, der in der Geschichte, selbst dieser wenig couragirten Klasse, seines Gleichen nicht findet, und nur durch die gleichzeitigen auswärtigen Ereignisse einigermaßen entschuldigt wird. Im März und April 1848 hatte sie das Heft in der Hand; aber kaum begannen die ersten selbstständigen Regungen der Arbeiterklasse, als die Bourgeoisie sofort Angst bekam und sich unter den Schutz derselben Bureaukratie und desselben Feudaladels zurückflüchtete, die sie eben noch mit Hülfe der Arbeiter besiegt hatte. Die Periode Manteuffel war die unvermeidliche Folge. Endlich kam — ohne Zuthun der bürgerlichen Opposition — die „neue Aera". Der unverhoffte Glücksfall verdrehte den Bürgern die Köpfe. Sie vergaßen ganz die Stellung, die sie sich durch ihre wiederholten Verfassungsrevisionen, ihre Unterwerfung unter die Bureaukratie und die Feudalen (bis zur Wiederherstellung der feudalen Provinzial- und Kreisstände), ihr fortwährendes Zurückweichen von Position zu Position selbst gemacht hatten. Sie glaubten jetzt wieder das Heft in der Hand zu haben, und vergaßen ganz, daß sie selbst alle die ihnen feindlichen Mächte wiederhergestellt hatten, die, seitdem erstarkt, ganz wie vor 1848 die wirkliche

Staatsgewalt in Besitz hielten. Da kam die Armee-Reorganisation wie eine brennende Bombe zwischen sie gefahren.

Die Bourgeoisie hat nur zwei Wege, sich politische Macht zu verschaffen. Da sie eine Armee von Offizieren ohne Soldaten ist, und sich diese Soldaten nur aus den Arbeitern schaffen kann, so muß sie entweder sich die Allianz der Arbeiter sicher stellen, oder sie muß den ihr nach Oben gegenüber stehenden Mächten, namentlich dem Königthum, die politische Macht stückweise abkaufen. Die Geschichte der englischen und französischen Bourgeoisie zeigt, daß kein anderer Weg existirt.

Nun hatte die preußische Bourgeoisie — und zwar ohne allen Grund — alle Lust verloren, eine aufrichtige Allianz mit den Arbeitern zu schließen. Im Jahre 1848 war die, damals noch in den Anfängen der Entwickelung und Organisation begriffene, deutsche Arbeiterpartei bereit, für sehr billige Bedingungen die Arbeit für die Bourgeoisie zu thun, aber diese fürchtete die geringste selbstständige Regung des Proletariats mehr als den Feudaladel und die Bureaukratie. Die um den Preis der Knechtschaft erkaufte Ruhe schien ihr wünschenswerther als selbst die bloße Aussicht des Kampfes mit der Freiheit. Seitdem war dieser heilige Schrecken vor den Arbeitern bei den Bürgern traditionell geworden, bis endlich Herr Schulze-Delitzsch seine Sparbüchsen-Agitation begann. Sie sollte den Arbeitern beweisen, daß sie kein größeres Glück haben könnten als Zeitlebens, und selbst in ihren Nachkommen, von der Bourgeoisie industriell ausgebeutet zu werden; ja daß sie selbst zu dieser Ausbeutung beitragen müßten, indem sie durch allerhand industrielle Vereine sich selbst einen Nebenverdienst und damit den Kapitalisten die Möglichkeit zur Herabsetzung des Arbeitslohns verschafften. Obwohl nun die industrielle Bourgeoisie sicher neben den Cavalerie-Lieutenants die ungebildetste Klasse deutscher Nation ist, so war doch bei einem geistig so entwickelten Volk wie dem deutschen eine solche Agitation von vornherein ohne alle Aussicht auf dauernden Erfolg. Die einsichtigeren Köpfe der Bourgeoisie selbst mußten begreifen, daß daraus nichts werden konnte, und die Allianz mit den Arbeitern fiel abermals durch.

Blieb das Feilschen mit der Regierung um politische Macht, wofür baares Geld — aus der Volkstasche natürlich — bezahlt wurde. Die wirkliche Macht der Bourgeoisie im Staate bestand nur in dem, noch dazu sehr verclausulirten — Steuerbewilligungsrecht. Hier also mußte der Hebel angesetzt werden, und eine Klasse, die sich so vortrefflich aufs Abdingen verstand, mußte hier sicher im Vortheil sein.

Aber nein. Die preußische bürgerliche Opposition — ganz im Gegensatz namentlich zu dem klassischen Bürgerthum Englands im 17. und 18. Jahrhundert — verstand die Sache dahin: daß sie Macht erfeilsche o h n e Geld dafür zu zahlen.

Vom rein-bürgerlichen Standpunkt aus, und unter voller Berücksichtigung der Verhältnisse, unter denen die Armee-Reorganisation vorgebracht wurde, was war da die richtige Politik der bürgerlichen Opposition? Sie mußte es wissen, wenn sie ihre Kräfte kannte, daß sie, die eben noch aus der Manteuffelschen Erniedrigung — und wahrlich ohne ihr eigenes Zuthun — emporgehoben worden war, sicher nicht die Macht hatte, die faktische Durchführung des Planes zu hindern, die ja auch ins Werk gesetzt wurde. Sie mußte wissen, daß mit jeder fruchtlos hingegangenen Session die neue, faktisch bestehende Einrichtung schwerer zu beseitigen war; daß also die Regierung von Jahr zu Jahr weniger bieten würde, um die Zustimmung der Kammer zu erlangen. Sie mußte wissen, daß sie noch lange nicht soweit war, Minister ein- und abseßen zu können, daß also, je länger der Konflikt dauerte, je weniger zu Compromissen geneigte Minister sie sich gegenüber haben würde. Sie mußte endlich wissen, daß es vor Allem ihr eignes

Interesse war, die Sache nicht auf die Spitze zu treiben. Denn ein ernstlicher Konflikt mit der Regierung mußte, bei dem Entwicklungsstande der deutschen Arbeiter, nothwendig eine unabhängige Arbeiterbewegung ins Leben rufen, und ihr damit wieder für den äußersten Fall das Dilemma vorführen: entweder eine Allianz mit den Arbeitern, aber diesmal unter weit ungünstigeren Bedingungen als 1848; oder aber: auf die Kniee vor der Regierung, und: pater peccavi!

Die liberale und fortschrittliche Bourgeoisie mußte demnach die Armee-Reorganisation, mit sammt der davon unzertrennlichen Erhöhung des Friedensstandes einer unbefangenen sachlichen Prüfung unterwerfen, wobei sie wahrscheinlich zu ungefähr denselben Resultaten gekommen wäre wie wir. Sie durfte dabei nicht vergessen, daß sie die vorläufige Einführung der Neuerung doch nicht hindern, und ihre schließliche Feststellung nur verzögern konnte, so lange der Plan so viel richtige und brauchbare Elemente enthielt. Sie mußte also vor allen Dingen sich hüten, von vorn herein in eine direkt feindliche Stellung gegen die Reorganisation zu kommen; sie mußte im Gegentheil diese Reorganisation und die dafür zu bewilligenden Gelder benutzen, um sich dafür von der „neuen Aera" möglichst viel Aequivalente zu kaufen, um die 9 oder 10 Millionen neue Steuern in möglichst viel politische Gewalt für sich selbst umzusetzen.

Und was war da nicht Alles noch zu thun! Da war die ganze Manteuffel'sche Gesetzgebung über die Presse und das Vereinsrecht; da war die ganze, aus der absoluten Monarchie unverändert übernommene Polizei- und Beamtengewalt; die Beseitigung der Gerichte durch Competenzconflikte; die Provinzial- und Kreisstände; vor Allem die unter Manteuffel herrschende Auslegung der Verfassung, gegenüber welcher eine neue constitutionelle Praxis festzustellen war; die Verkümmerung der städtischen Selbstregierung durch die Bureaukratie, und noch hundert andere Dinge, die jede andere Bourgeoisie in gleicher Lage gern mit einer Steuervermehrung von 1½ Thaler pr. Kopf erkauft hätte, und die Alle zu haben waren, wenn man einiger Maßen geschickt verfuhr. Aber die bürgerliche Opposition dachte anders. Was die Preß-, Vereins- und Versammlungsfreiheit anging, so hatten Manteuffel's Gesetze gerade dasjenige Maß festgestellt, worin die Bürger sich behaglich fühlten. Sie konnten ungehindert gelind gegen die Regierung demonstriren; jede Vermehrung der Freiheit brachte ihnen weniger Vortheil als den Arbeitern, und ehe die Bourgeoisie den Arbeitern Freiheit zu einer selbstständigen Bewegung gab, ließ sie sich lieber etwas mehr Zwang von Seiten der Regierung anthun. Ebenso war es mit der Beschränkung der Polizei- und Beamtengewalt. Die Bourgeoisie glaubte, durch das Ministerium der „neuen Aera" die Bureaukratie sich schon unterworfen zu haben, und sah es gern, daß diese Bureaukratie freie Hand gegen die Arbeiter behielt. Sie vergaß ganz, daß die Bureaukratie weit stärker und lebenskräftiger war, als irgend ein bürgerfreundliches Ministerium. Und dann bildete sie sich ein, daß mit dem Fall Manteuffels das tausendjährige Reich der Bürger eingetreten sei, und daß es sich nur noch darum handle, die reife Ernte der bürgerlichen Alleinherrschaft einzuheimsen, ohne einen Pfennig dafür zu zahlen.

Aber die vielen zu bewilligenden Gelder, nachdem schon die paar Jahre seit 1848 soviel Geld gekostet, die Staatsschuld so vermehrt und die Steuern so erhöht hatten! — Meine Herren, Sie sind die Deputirten des jüngsten constitutionellen Staats der Welt, und Sie wissen nicht, daß der Constitutionalismus die theuerste Regierungsform der Welt ist? fast noch theurer als der Bonapartismus, der — après moi le déluge — die alten Schulden durch immer neue deckt und so in zehn Jahren die Ressourcen eines Jahrhunderts discontirt? Die goldenen Zeiten des gefesselten Absolutismus, die Ihnen noch immer vorschweben, kommen nie wieder.

Aber die Verfassungsklauseln wegen Forterhebung einmal bewilligter Steuern? — Jedermann weiß, wie verschämt die „neue Aera" im Geldfordern war. Dadurch, daß man, für wohlverbriefte Gegenconcessionen, die Ausgaben für die Reorganisation ins Ordinarium setzte, dadurch war noch wenig vergeben. Es handelte sich um die Bewilligung neuer Steuern, wodurch diese Ausgaben zu decken waren. Hier konnte man knausern, und dazu konnte man sich kein besseres Ministerium wünschen als das der neuen Aera. Man behielt doch das Heft noch in der Hand, soweit man es vorher besaß, und man hatte sich neue Machtmittel auf andern Gebieten erobert.

Aber die Stärkung der Reaktion, wenn man ihr Hauptwerkzeug, die Armee, verdoppelte? — Dies ist ein Gebiet, wo die Fortschrittsbürger mit sich selbst in die unauflöslichsten Konflikte gerathen. Sie verlangen von Preußen, es soll die Rolle des deutschen Piemont spielen. Dazu gehört eine starke schlagfertige Armee. Sie haben ein Ministerium der neuen Aera, das im Stillen dieselben Ansichten hegt, das beste Ministerium, das sie, unter den Umständen, haben können. Sie verweigern diesem Ministerium die verstärkte Armee. — Sie führen tagtäglich, von Morgen bis Abend, Preußens Ruhm, Preußens Größe, Preußens Machtentwickelung auf der Zunge; aber sie verweigern Preußen eine Armee-Verstärkung, die nur im richtigen Verhältniß zu derjenigen steht, welche die übrigen Großmächte seit 1814 bei sich eingeführt haben. — Weßhalb das Alles? Weil sie fürchten, diese Verstärkung werde nur der Reaktion zu Gute kommen, werde den heruntergekommenen Offiziersadel heben und überhaupt der feudalen und bureaukratisch-absolutistischen Partei die Macht geben, mit einem Staatsstreich den ganzen Konstitutionalismus zu begraben.

Zugegeben, daß die Fortschrittsbürger Recht hatten, die Reaktion nicht zu stärken, und daß die Armee der sicherste Hinterhalt der Reaktion war. Aber gab es denn je eine bessere Gelegenheit, die Armee unter die Kontrole der Kammer zu bringen, als grade diese Reorganisation, vorgeschlagen von dem bürgerfreundlichsten Ministerium, das Preußen in ruhigen Zeiten je erlebt hatte? Sobald man sich bereit erklärte, die Armeeverstärkung unter gewissen Bedingungen zu bewilligen, war es da nicht grade möglich, über die Kadettenhäuser, die Adelsbevorzugung und alle anderen Klagepunkte ins Reine zu kommen und Garantieen zu erlangen, welche dem Offizierkorps einen mehr bürgerlichen Charakter gaben? Die „neue Aera" war sich nur über Eins klar: daß die Armeeverstärkung durchgesetzt werden müsse. Die Umwege, auf denen sie die Reorganisation ins Leben schmuggelte, bewiesen am besten ihr böses Gewissen und ihre Furcht vor den Abgeordneten. Hier mußte mit beiden Händen zugegriffen werden; eine solche Chance für die Bourgeoisie war in hundert Jahren nicht wieder zu erwarten. Was ließ sich nicht Alles im Detail aus diesem Ministerium herausschlagen, wenn die Fortschrittsbürger die Sache nicht knauserig, sondern als große Spekulanten auffaßten!

Und nun gar die praktischen Folgen der Reorganisation auf das Offizierkorps selbst! Es mußten Offiziere für die doppelte Anzahl Bataillone gefunden werden. Die Kadettenhäuser reichten bei weitem nicht mehr aus. Man war so liberal wie noch nie vorher in Friedenszeiten; man offerirte die Lieutenantsstellen gradezu als Prämien an Studenten, Auscultatoren und alle gebildeten jungen Leute. Wer die preußische Armee nach der Reorganisation wieder sah, kannte das Offizierkorps nicht mehr.

Wir sprechen nicht von Hörensagen, sondern von eigener Anschauung. Der specifische Lieutenantsdialekt war in den Hintergrund gedrängt, die jüngeren Offiziere sprachen ihre natürliche Muttersprache, sie gehörten keineswegs einer geschlossenen Kaste an, sondern repräsentirten mehr als je seit 1815 alle gebildeten Klassen und alle Provinzen des Staats. Hier war also die Position durch die Nothwendigkeit der Ereignisse schon gewonnen; es handelte sich nur noch darum, sie zu behaupten und auszunutzen. Statt dessen wurde alles das von den Fortschrittsbürgern ignorirt und fortgeredet, als ob alle diese Offiziere adlige Kadetten seien. Und doch waren seit 1815 nie mehr bürgerliche Offiziere in Preußen als grade jetzt.

Beiläufig gesagt, schreiben wir das flotte Auftreten der preußischen Offiziere vor dem Feind im schleswig-holsteinischen Kriege hauptsächlich dieser Infusion frischen Blutes zu. Die alte Klasse Subalternoffiziere allein hätte nicht gewagt, so oft auf eigene Verantwortung zu handeln. In dieser Beziehung hat die Regierung Recht, wenn sie der Reorganisation einen wesentlichen Einfluß auf die „Eleganz" der Erfolge zuschreibt; in welcher anderen Hinsicht die Reorganisation den Dänen furchtbar war, ist für uns nicht ersichtlich.

Endlich der Hauptpunkt: die Erleichterung eines Staatsstreichs durch die Verstärkung der Friedensarmee? — Es ist ganz richtig, daß Armeen die Werkzeuge sind, womit man Staatsstreiche macht, und daß also jede Armeeverstärkung auch die Durchführbarkeit eines Staatsstreichs vermehrt. Aber die für einen Großstaat erforderliche Armeestärke richtet sich nicht nach der größeren oder geringeren Aussicht auf Staatsstreiche, sondern nach der Größe der Armeen der anderen Großstaaten. Hat man A gesagt, so muß man auch B sagen. Nimmt man ein Mandat als preußischer Abgeordneter an, schreibt man Preußens Größe und europäische Machtstellung auf seine Fahne, so muß man auch zustimmen, daß die Mittel hergestellt werden, ohne welche von Preußens Größe und Machtstellung keine Rede sein kann. Können diese Mittel nicht hergestellt werden, ohne Staatsstreiche zu erleichtern, desto schlimmer für die Herren Fortschrittsmänner. Hätten sie sich nicht 1848 so lächerlich feig und ungeschickt benommen, die Periode der Staatsstreiche wäre wahrscheinlich längst vorbei. Unter den obwaltenden Umständen aber bleibt ihnen nichts übrig als die Armeeverstärkung in der einen oder andern Form schließlich doch anzuerkennen und ihre Bedenken wegen Staatsstreichen für sich zu behalten.

Indeß hat die Sache doch noch andere Seiten. Erstens war es immer gerathener, mit einem Ministerium der „neuen Aera" über die Bewilligung dieses Staatsstreich-Instruments zu verhandeln, als mit einem Ministerium Bismarck. Zweitens macht selbstredend jeder weitere Schritt zur wirklichen Durchführung der allgemeinen Wehrpflicht die preußische Armee ungeschickter zum Werkzeug für Staatsstreiche. Sobald unter der ganzen Volksmasse das Verlangen nach Selbstregierung und die Nothwendigkeit des Kampfes gegen alle widerstrebenden Elemente einmal durchgedrungen war, mußten auch die 20- und 21jährigen jungen Leute von der Bewegung erfaßt sein und selbst unter feudalen und absolutistischen Offizieren mußte ein Staatsstreich immer schwerer mit ihnen durchzuführen sein. Je weiter die politische Bildung im Lande fortschreitet, je mißliebiger wird die Stimmung der eingestellten Rekruten werden. Selbst der jetzige Kampf zwischen Regierung und Bourgeoisie muß davon bereits Beweise geliefert haben.

Drittens ist die zweijährige Dienstzeit ein hinreichendes Gegengewicht gegen die Vermehrung der Armee. In demselben Maße wie die Armeeverstärkung für die Regierung die materiellen Mittel zu Gewaltstreichen vermehrt, in demselben Maß verringert die zweijährige Dienstzeit die moralischen Mittel dazu. Im dritten Dienstjahr mag das ewige Einpauken absolutistischer Lehren und die Gewohnheit des Gehorchens momentan und für die Dauer des Dienstes bei den Soldaten etwas fruchten. Im dritten Dienstjahr, wo der einzelne Soldat fast nichts Militärisches mehr zu lernen hat, nähert sich unser allgemeiner Wehrpflichtiger schon einiger Maßen dem auf lange Jahre eingestellten Soldaten des französisch-östreichischen Systems. Er bekommt etwas vom Berufssoldaten, und ist als solcher in allen Fällen weit leichter zu verwenden, als der jüngere Soldat. Die Entfernung der Leute im dritten Dienstjahre würde die Einstellung von 60—80,000 Mann mehr sicher aufwiegen, wenn man vom Staatsstreichs-Gesichtspunkte ausgeht.

Nun aber kommt noch ein anderer, und der entscheidende Punkt dazu. Wir wollen nicht läugnen, daß Verhältnisse eintreten könnten — dazu kennen wir unsere Bourgeoisie zu gut — unter denen selbst ohne Mobilisirung, mit dem einfachen Friedensstand der Armee ein Staatsstreich dennoch möglich wäre. Das ist aber nicht wahrscheinlich. Um einen großen Coup zu machen, wird man fast immer mobil machen müssen. Und da tritt die Wendung ein. Die preußische Friedensarmee mag unter Umständen ein reines Werkzeug in den Händen der Regierung, zur Verwendung im Innern, werden; die preußische Kriegsarmee sicher nie. Wer je Gelegenheit hatte, ein Bataillon erst auf Friedensfuß und dann auf Kriegsfuß zu sehen, kennt den ungeheuren Unterschied in der ganzen Haltung der Leute, im Charakter der ganzen Masse. Die Leute, die als halbe Knaben in die Armee eingetreten waren, kommen jetzt als Männer wieder zu ihr zurück; sie bringen einen Vorrath von Selbstachtung, Selbstvertrauen, Sicherheit und Charakter mit, der dem ganzen Bataillon zu Gute kommt. Das Verhältniß der Leute zu den Offizieren, der Offiziere zu den Leuten, wird gleich ein anderes. Das Bataillon gewinnt militärisch ganz bedeutend, aber politisch wird es —

für absolutistische Zwecke — völlig unzuverlässig. Das konnte man noch beim Einmarsch in Schleswig sehen, wo zum großen Erstaunen der englischen Zeitungscorrespondenten die preußischen Soldaten überall an den politischen Demonstrationen offen theilnahmen und ihre durchaus nicht orthodoxen Gesinnungen ungescheut aussprachen. Und dies Resultat — die politische Verderbniß der mobilen Armee für absolutistische Zwecke — verdanken wir hauptsächlich der Manteuffel'schen Zeit und der „neuesten" Aera. Im Jahre 1848 war es noch ganz anders.

Das ist eben eine der besten Seiten an der preußischen Wehrverfassung, vor wie nach der Reorganisation: daß mit dieser Wehrverfassung Preußen weder einen unpopulären Krieg führen, noch einen Staatsstreich machen kann, der Dauer verspricht. Denn selbst wenn die Friedensarmee sich zu einem kleinen Staatsstreich gebrauchen ließe, so würde doch die erste Mobilmachung und die erste Kriegsgefahr genügen, um die ganzen „Errungenschaften" wieder in Frage zu stellen. Ohne die Ratifikation der Kriegsarmee wären die Heldenthaten der Friedensarmee beim „innern Düppel" von nur kurzer Bedeutung; und diese Ratifikation wird je länger je schwerer zu erlangen sein. Reaktionäre Blätter haben gegenüber den Kammern die „Armee" für die wahre Volksvertretung erklärt. Sie meinten damit natürlich nur die Offiziere. Wenn es je dahin käme, daß die Herren von der Kreuzzeitung einen Staatsstreich machten, wozu sie die mobile Armee nöthig haben, sie würden ihr blaues Wunder erleben an dieser Volksvertretung, darauf können sie sich verlassen.

Darin aber liegt am Ende auch nicht die Hauptgarantie gegen den Staatsstreich. Die liegt darin: daß keine Regierung, durch einen Staatsstreich, eine Kammer zusammenbringen kann, die ihr neue Steuern und Anleihen bewilligt; und daß, selbst wenn sie eine dazu willige Kammer fertig brächte, kein Banquier in Europa ihr auf solche Kammerbeschlüsse hin Kredit geben würde. In den meisten europäischen Staaten wäre das anders. Aber Preußen steht nun einmal seit den Versprechungen von 1815 und den vielen vergeblichen Manövern bis 1848, Geld zu bekommen, in dem Rufe, daß man ihm ohne rechtsgültigen und unantastbaren Kammerbeschluß keinen Pfennig borgen darf. Selbst Herr Raphael von Erlanger, der doch den amerikanischen Conföderirten geborgt hat, würde einer preußischen Staatsstreich-Regierung schwerlich baares Geld anvertrauen. Das hat Preußen einzig und allein der Bornirtheit des Absolutismus zu verdanken.

Hierin liegt die Stärke der Bourgeoisie: daß die Regierung, wenn sie in Geldnoth kommt — und das muß sie früher oder später sicher — genöthigt ist, selbst sich an die Bourgeoisie um Geld zu wenden, und diesmal nicht an die politische Repräsentation der Bourgeoisie, die am Ende weiß, daß sie zum Bezahlen da ist, sondern an die hohe Finanz, die an der Regierung ein gutes Geschäft machen will, die die Kreditfähigkeit einer Regierung an demselben Maßstabe mißt wie die jedes Privatmannes, und der es total gleichgültig ist, ob der preußische Staat viel oder wenig Soldaten braucht. Diese Herren discontiren nur Wechsel mit drei Unterschriften, und wenn neben der Regierung nur das Herrenhaus, ohne das Abgeordnetenhaus, darauf unterschrieben hat, oder ein Abgeordnetenhaus von Strohmännern, so sehen sie das für Wechselreiterei an und danken für das Geschäft.

Hier hört die Militärfrage auf, und die Verfassungsfrage fängt an. Einerlei, durch welche Fehler und Verwickelungen, die bürgerliche Opposition ist jetzt einmal in die Stellung gedrängt: sie muß die Militärfrage durchfechten, oder sie verliert den Rest von politischer Macht, den sie noch besitzt. Die Regierung hat bereits ihr ganzes Budgetbewilligungsrecht in Frage gestellt. Wenn nun die Regierung früher oder später doch ihren Frieden mit der Kammer machen muß, ist es da nicht die beste Politik, einfach auszuharren, bis dieser Zeitpunkt eintritt?

Nachdem der Conflict einmal soweit getrieben, — unbedingt — ja. Ob mit dieser Regierung auf annehmbare Grundlagen ein Abkommen zu schließen, ist mehr als zweifelhaft. Die Bourgeoisie hat sich durch Ueberschätzung ihrer eigenen Kräfte in die Lage versetzt, daß sie an dieser Militärfrage erproben muß, ob sie im Staate das entscheidende Moment, oder gar nichts ist. Siegt sie, so erobert sie zugleich die Macht, Minister ab - und einzusetzen, wie das englische Unterhaus sie besitzt. Unterliegt sie, so kommt sie auf verfassungsmäßigem Wege nie mehr zu irgend welcher Bedeutung.

Aber der kennt unsre deutschen Bürger schlecht, der der Ansicht wäre, daß eine solche Ausdauer zu erwarten steht. Die Courage der Bourgeoisie in politischen Dingen steht immer in genauem Verhältniß zu der Wichtigkeit, die sie in dem gegebenen Land in der bürgerlichen Gesellschaft einnimmt. In Deutschland ist die soziale Macht der Bourgeoisie weit geringer als in England und selbst in Frankreich; sie hat sich weder mit der alten Aristokratie alliirt wie in England, noch diese mit Hülfe der Bauern und Arbeiter vernichtet wie in Frankreich. Die Feudalaristokratie ist in Deutschland noch immer eine Macht, eine der Bourgeoisie feindliche und obendrein mit den Regierungen verbündete Macht. Die Fabrik-Industrie, die Basis aller sozialen Macht der modernen Bourgeoisie, ist in Deutschland weit weniger entwickelt als in Frankreich und England, so enorm auch ihre Fortschritte seit 1848 sind. Die kolossalen Kapitalansammlungen in einzelnen Ständen, die in England und selbst Frankreich häufig vorkommen, sind in Deutschland seltener. Daher kommt der kleinbürgerliche Charakter unserer ganzen Bourgeoisie. Die Verhältnisse, in denen sie lebt, die Gesichtskreise, die sie sich bilden kann, sind kleinlicher Art; was Wunder daß ihre ganze Denkweise ebenso kleinlich ist! Woher soll da der Muth kommen, eine Sache bis aufs Aeußerste durchzufechten? Die preußische Bourgeoisie weiß sehr gut, in welcher Abhängigkeit sie, für ihre eigne industrielle Thätigkeit, von der Regierung steht. Conzessionen und Verwaltungscontrole drücken wie ein Alp auf sie. Bei jeder neuen Unternehmung kann die Regierung ihr Schwierigkeiten in den Weg legen. Und nun gar auf dem politischen Gebiet! Während des Konflikts über die Militärfrage kann die Bourgeoiskammer nur verneinend auftreten, sie ist rein auf die Defensive verwiesen; indessen geht die Regierung angreifend vor, interpretirt die Verfassung auf ihre Weise, maßregelt die liberalen Beamten, annullirt die liberalen städtischen Wahlen, setzt alle Hebel der bureaukratischen Gewalt in Bewegung, um den Bürgern ihren Unterthanenstandpunkt klar zu machen, nimmt thatsächlich eine Position nach der andern, und erobert sich so eine Stellung, wie sie selbst Manteuffel nicht hatte. Inzwischen geht das budgetlose Geldausgeben und Steuer=Erheben seinen ruhigen Gang, und die Armee=Reorganisation gewinnt mit jedem Jahr ihres Bestehens neue Stärke. Kurz, der in Aussicht stehende endliche Sieg der Bourgeoisie erhält von Jahr zu Jahr einen revolutionäreren Charakter, und die täglich sich mehrenden Detailsiege der Regierung auf allen Gebieten erhalten mehr und mehr die Gestalt vollendeter Thatsachen. Dazu kommt eine von Bourgeoisie wie Regierung vollständig unabhängige Arbeiterbewegung, die die Bourgeoisie zwingt, entweder den Arbeitern sehr fatale Konzessionen zu machen, oder gefaßt zu sein, im entscheidenden Augenblick ohne die Arbeiter agiren zu müssen. Sollte die preußische Bourgeoisie unter diesen Umständen den Muth haben, auszuharren bis aufs

Aeußerste? Sie müßte sich seit 1848 wunderbar verbessert haben — in ihrem eignen Sinn — und die Compromißsehnsucht, die sich in der Fortschrittspartei seit Eröffnung dieser Session tagtäglich ausseufzt, spricht nicht dafür. Wir fürchten, die Bourgeoisie wird auch diesmal keinen Anstand nehmen, sich selbst zu verrathen.

III.

„Welches ist nun die Stellung der Arbeiterpartei zu dieser Armee-Reorganisation und zu dem daraus entstandenen Konflikt zwischen Regierung und bürgerlicher Opposition?"

Die arbeitende Klasse gebraucht zur vollen Entfaltung ihrer politischen Thätigkeit ein weit größeres Feld als es die Einzelstaaten des heutigen zersplitterten Deutschlands darbieten. Die Vielstaaterei wird für das Proletariat ein Bewegungs-Hinderniß sein, aber nie eine berechtigte Existenz, ein Gegenstand des ernsthaften Denkens. Das deutsche Proletariat wird nie sich mit Reichsverfassungen, preußischen Spitzen, Trias und dergleichen befassen, außer um damit aufzuräumen; die Frage, wie viel Soldaten der preußische Staat braucht, um als Großmacht fortzuvegetiren, ist ihm gleichgültig. Ob die Militärlast durch die Reorganisation sich etwas vermehrt oder nicht, wird der Arbeiterklasse, a l s K l a s s e, wenig ausmachen. Dagegen ist es ihr durchaus nicht gleichgültig, ob die allgemeine Wehrpflicht vollständig durchgeführt wird oder nicht. Je mehr Arbeiter in den Waffen geübt werden, desto besser. Die allgemeine Wehrpflicht ist die nothwendige und natürliche Ergänzung des allgemeinen Stimmrechts; sie setzt die Stimmenden in den Stand, ihre Beschlüsse gegen alle Staatsstreich-Versuche mit den Waffen in der Hand durchzusetzen.

Die mehr und mehr consequente Durchführung der allgemeinen Wehrpflicht ist der einzige Punkt, der die Arbeiterklasse Deutschlands an der preußischen Armee-Reorganisation interessirt.

Wichtiger ist die Frage: wie sich die Arbeiterpartei zu stellen hat bei dem daraus entstandenen Konflikt zwischen Regierung und Kammer?

Der moderne Arbeiter, der Proletarier, ist ein Produkt der großen industriellen Revolution, welche namentlich in den letzten hundert Jahren in allen civilisirten Ländern die ganze Produktionsweise, zuerst der Industrie und nachher auch des Ackerbaus, total umgewälzt hat, und in Folge deren an der Produktion nur noch zwei Klassen betheiligt sind: die der Kapitalisten, welche sich im Besitz der Arbeitshülfsmittel, der Rohmaterialien und der Lebensmittel befinden, und die der Arbeiter, welche weder Arbeitshülfsmittel, noch Rohmaterialien, noch Lebensmittel besitzen, sondern sich diese letzteren mit ihrer Arbeit von den Kapitalisten erst kaufen müssen. Der moderne Proletarier hat also direkt nur mit e i n e r Gesellschaftsklasse zu thun, die ihm feindlich gegenübersteht, ihn ausbeutet; mit der Klasse der Kapitalisten, der Bourgeois. In Ländern, wo diese industrielle Revolution vollständig durchgeführt ist, wie in England, hat der Arbeiter wirklich auch nur mit Kapitalisten zu thun, denn auch auf dem Lande ist der große Gutspächter nichts als ein Kapitalist; der Aristokrat, der nur die Grundrente seiner Besitzungen verzehrt, hat mit dem Arbeiter absolut keine gesellschaftlichen Berührungspunkte.

Anders in Ländern, wo diese industrielle Revolution erst in der Durchführung begriffen ist, wie in Deutschland. Hier sind aus den früheren feudalen und nachfeudalen Zuständen noch eine Menge gesellschaftlicher Elemente haften geblieben, welche, um uns so auszudrücken, das gesellschaftliche Mittel (medium) trüben, dem sozialen Zustand Deutschlands jenen einfachen, klaren, klassischen Charakter nehmen, der den Entwicklungsstand Englands auszeichnet. Wir finden hier in einer sich täglich mehr modernisirenden Atmosphäre und unter ganz modernen Kapitalisten und Arbeitern die wunderbarsten vorsündfluthlichen Fossilien lebendig umherwandeln: Feudalherren, Patrimonialgerichte, Krautjunker, Stockprügel, Regierungsräthe, Landräthe, Innungen, Competenzkonflikte, Verwaltungsstrafmacht u. s. w. Und wir finden, daß im Kampf um die politische Macht alle diese lebenden Fossilien sich zusammenschaaren gegen die Bourgeoisie, die, durch ihren Besitz die mächtigste Klasse der neuen Epoche, im Namen der neuen Epoche ihnen die politische Herrschaft abverlangt.

Außer der Bourgeoisie und dem Proletariat producirt die moderne große Industrie noch eine Art Zwischenklasse zwischen Beiden, das Kleinbürgerthum. Dies besteht theils aus den Resten des früheren halbmittelalterlichen Pfahlbürgerthums, theils aus etwas emporgekommenen Arbeitern. Es findet seine Stellung weniger in der Produktion als in der Vertheilung der Waaren; der Detailhandel ist sein Hauptfach. Während das alte Pfahlbürgerthum die stabilste, ist das moderne Kleinbürgerthum die am meisten wechselnde Klasse der Gesellschaft; der Bankerott ist bei ihm eine Institution geworden. Es nimmt Theil durch seinen kleinen Kapitalbesitz an der Lebenslage der Bourgeoisie, durch die Unsicherheit seiner Existenz an der des Proletariats. Widerspruchsvoll wie sein gesellschaftliches Dasein ist seine politische Stellung; im Allgemeinen jedoch ist die „reine Demokratie" sein correktester Ausdruck. Sein politischer Beruf ist der, die Bourgeoisie in ihrem Kampf gegen die Reste der alten Gesellschaft und namentlich gegen ihre eigene Schwäche und Feigheit voranzutreiben und diejenigen Freiheiten erkämpfen zu helfen, — Preßfreiheit, Vereins- und Versammlungsfreiheit, allgemeines Wahlrecht, lokale Selbstregierung —

ohne welche, trotz ihrer bürgerlichen Natur, eine schüchterne Bourgeoisie wohl fertig werden kann, ohne welche die Arbeiter aber nie ihre Emancipation erobern können.

Im Laufe des Kampfes zwischen den Resten der alten, vorsündfluthlichen Gesellschaft und der Bourgeoisie kommt überall irgend einmal der Moment, wo beide Kämpfenden sich an das Proletariat wenden und seine Unterstützung nachsuchen. Dieser Moment fällt gewöhnlich mit demjenigen zusammen, in dem die Arbeiterklasse selbst anfängt, sich zu regen. Die feudalen und bureaukratischen Repräsentanten der untergehenden Gesellschaft rufen den Arbeitern zu, mit ihnen auf die Aussauger, die Kapitalisten, die einzigen Feinde des Arbeiters loszuschlagen; die Bourgeois weisen die Arbeiter darauf hin, daß sie beide zusammen die neue Gesellschaftsepoche repräsentiren und daher jedenfalls der untergehenden a l t e n Gesellschaftsform gegenüber gleiches Interesse haben. Um diese Zeit kommt dann die Arbeiterklasse allmählig zum Bewußtsein, daß sie eine eigene Klasse mit eigenen Interessen und mit einer eigenen unabhängigen Zukunft ist; und damit kommt die Frage, die nach einander in England, in Frankreich und in Deutschland sich aufgedrängt hat: wie hat sich die Arbeiterpartei gegenüber den Kämpfenden zu stellen?

Dies wird vor Allem davon abhängen, was die Arbeiterpartei, d. h. derjenige Theil der arbeitenden Klasse, welcher zum Bewußtsein der gemeinsamen Interessen der Klasse gekommen ist, im Interesse der Klasse für Ziele erstrebt?

Soweit bekannt, stellen die avancirtesten Arbeiter in Deutschland die Forderung: Emancipation der Arbeiter von den Kapitalisten durch Uebertragung von Staats-Kapital an associirte Arbeiter, zum Betrieb der Produktion für gemeinsame Rechnung und ohne Kapitalisten, und als Mittel zur Durchsetzung dieses

Zwecks: Eroberung der politischen Macht durch das allgemeine direkte Wahlrecht.

Soviel ist nun klar: Weder die feudal-bureaukratische Partei, die man kurzweg die R e a k t i o n zu nennen pflegt, noch die liberal-radikale Bourgeoispartei wird geneigt sein, diese Forderungen freiwillig zuzugestehen. Nun wird aber das Proletariat eine Macht von dem Augenblick an, wo sich eine selbstständige Arbeiterpartei bildet, und mit einer Macht muß man rechnen. Beide feindliche Parteien wissen das und werden also im gegebenen Augenblicke geneigt sein, den Arbeitern scheinbare oder wirkliche Concessionen zu machen. Auf welcher Seite können die Arbeiter die größten Zugeständnisse erwirken?

Der reaktionären Partei ist bereits die Existenz von Bourgeois und Proletariern ein Dorn im Auge. Ihre Macht beruht darauf, daß die moderne gesellschaftliche Entwickelung wieder todt gemacht oder wenigstens gehemmt werde. Sonst verwandeln sich allmählig alle besitzenden Klassen in Kapitalisten, alle unterdrückten Klassen in Proletarier, und damit verschwindet die reaktionäre Partei von selbst. Die Reaktion will, wenn sie consequent ist, allerdings das Proletariat aufheben, aber nicht dadurch, daß sie zur Association fortschreitet, sondern indem sie die modernen Proletarier wieder in Zunftgesellen und ganz oder halb leibeigene bäuerliche Hintersassen zurückverwandelt. Ist unsern Proletariern mit einer solchen Verwandlung gedient? Wünschen sie sich wieder unter die väterliche Zucht des Zunftmeisters und des „gnädigen Herrn" zurück, wenn so etwas möglich wäre? Sicherlich nicht. Es ist ja gerade erst die Lostrennung der arbeitenden Klasse von all dem früheren Scheinbesitz und den Scheinprivilegien, die Herstellung des nackten Gegensatzes zwischen Kapital und Arbeit, die überhaupt die Existenz einer einzigen großen Arbeiterklasse mit gemeinsamen Interessen, einer Arbeiterbewegung, einer Arbeiterpartei möglich gemacht hat. Und dazu ist eine solche Zurückschraubung der Geschichte eine reine Unmöglichkeit. Die Dampfmaschinen, die mechanischen Spinn- und Webstühle, die Dampfpflüge und Dreschmaschinen, die Eisenbahnen und elektrischen Telegraphen, und die Dampfpressen der Gegenwart lassen keinen solchen absurden Rückschritt zu, im Gegentheil, sie vernichten allmählig und unerbittlich alle Reste feudaler und zünftiger Zustände und lösen alle von früher überkommenen kleinen gesellschaftlichen Gegensätze auf in den einen weltgeschichtlichen Gegensatz von Kapital und Arbeit.

Dagegen hat die Bourgeoisie gar keine andere geschichtliche Stellung, als die erwähnten riesenhaften Produktivkräfte und Verkehrsmittel der modernen Gesellschaft nach allen Seiten hin zu vermehren und aufs Höchste zu steigen, durch ihre Credit-Associationen auch die Produktionsmittel, welche aus früheren Zeiten mit überliefert sind, namentlich den Grundbesitz, sich in die Hände zu spielen, alle Produktionszweige mit modernen Hülfsmitteln zu betreiben, alle Reste feudaler Produktionen und feudaler Verhältnisse zu vernichten, und so die ganze Gesellschaft zurückzuführen auf den einfachen Gegensatz einer Klasse von Kapitalisten und einer Klasse von besitzlosen Arbeitern. In demselben Maße, wie diese Vereinfachung der gesellschaftlichen Klassengegensätze stattfindet, wächst die Macht der Bourgeoisie, aber in noch größerem Maße wächst auch die Macht, das Klassenbewußtsein, die Siegesfähigkeit des Proletariats; nur durch diese Machtvergrößerung der Bourgeoisie bringt es das Proletariat allmählig dahin, die Majorität, die überwiegende Majorität im Staate zu werden, wie es dies in England bereits ist, aber noch keineswegs in Deutschland, wo Bauern aller Art auf dem Lande und kleine Meister, Kleinkrämer u. s. w. in den Städten ihm noch die Stange halten.

Also: Jeder Sieg der Reaktion hemmt die gesellschaftliche

Entwickelung, entfernt unfehlbar den Zeitpunkt, wo die Arbeiter siegen können. Jeder Sieg der Bourgeoisie über die Reaktion dagegen ist nach einer Seite hin zugleich ein Sieg der Arbeiter, trägt zum endlichen Sturz der Kapitalistenherrschaft bei, rückt den Zeitpunkt näher heran, wo die Arbeiter über die Bourgeoisie siegen werden.

Man nehme die Stellung der deutschen Arbeiterpartei 1848 und jetzt. Es gibt in Deutschland noch Veteranen genug, die an den ersten Anfängen der Gründung einer deutschen Arbeiterpartei vor 1848 mitgewirkt, die nach der Revolution an ihrem Ausbau halfen, so lange die Zeitverhältnisse es erlaubten. Sie Alle wissen, welche Mühe es kostete, selbst in jenen aufgeregten Zeiten eine Arbeiterbewegung zu Stande zu bringen, sie im Gange zu halten, reaktionär-zunftmäßige Elemente zu entfernen und wie die ganze Sache nach ein paar Jahren wieder einschlief. Wenn jetzt eine Arbeiterbewegung so zu sagen von selbst entstanden ist, woher kommt das? Daher, weil seit 1848 die große Bourgeois-Industrie in Deutschland unerhörte Fortschritte gemacht, weil sie eine Masse kleiner Meister und sonstiger Zwischenleute zwischen dem Arbeiter und dem Kapitalisten vernichtet, eine Masse Arbeiter in direkten Gegensatz zum Kapitalisten gestellt, kurz ein bedeutendes Proletariat da geschaffen hat, wo es früher nicht oder nur in geringem Maße bestand. Eine Arbeiterpartei und Arbeiterbewegung ist durch diese industrielle Entwickelung eine Nothwendigkeit geworden.

Damit ist nicht gesagt, daß nicht Momente eintreten können, wo es der Reaktion gerathen erscheint, den Arbeitern Concessionen zu machen. Aber diese Concessionen sind stets ganz eigener Art. Sie sind nie politischer Natur. Die feudalbureaukratische Reaktion wird weder das Stimmrecht ausdehnen, noch die Presse, das Vereins- und Versammlungsrecht befreien, noch die Macht der Bureaukratie beschränken.

Die Concessionen, die sie macht, sind stets direkt gegen die Bourgeoisie gerichtet und der Art, daß sie die politische Macht der Arbeiter durchaus nicht vermehren. So wurde in England das Zehnstunden-Gesetz für die Fabrikarbeiter gegen den Willen der Fabrikanten durchgeführt. So wäre von der Regierung in Preußen die genaue Einhaltung der Vorschriften über die Arbeitszeit in den Fabriken — welche jetzt nur auf dem Papier bestehen — ferner das Coalitionsrecht der Arbeiter u. s. w. zu fordern und möglicher Weise zu erlangen. Aber es ist bei allen diesen Concessionen von Seiten der Reaktion stehend, daß sie erlangt werden ohne irgend einen Gegendienst von Seiten der Arbeiter, und mit Recht, denn indem die Reaktion den Bourgeois das Leben sauer macht, hat sie schon ihren Zweck erreicht, und die Arbeiter sind ihr keinen Dank schuldig, danken ihr auch nie.

Nun gibt es noch eine Art von Reaktion, welche in letzter Zeit großen Erfolg gehabt hat und bei gewissen Leuten sehr in Mode kommt; es ist die Art, welche man heutzutage Bonapartismus nennt. Der Bonapartismus ist die nothwendige Staatsform in einem Lande, wo die Arbeiterklasse, auf einer hohen Stufe ihrer Entwickelung in den Städten, aber an Zahl überwogen von den kleinen Bauern auf dem Lande, in einem großen revolutionären Kampf von der Kapitalistenklasse, dem Kleinbürgerthum und der Armee besiegt worden ist. Als in Frankreich in dem Riesenkampfe vom Juni 1848 die Pariser Arbeiter besiegt waren, hatte sich zugleich die Bourgeoisie an diesem Siege vollständig erschöpft. Sie war sich bewußt, keinen zweiten solchen Sieg ertragen zu können. Sie herrschte noch dem Namen nach, aber sie war zu schwach zur Herrschaft. An die Spitze trat die Armee, der eigentliche Sieger, gestützt auf die Klasse, aus der sie sich vorzugsweise rekrutirte, die kleinen Bauern, welche Ruhe haben wollten vor den Städtekrawallern. Die Form dieser Herrschaft war selbstredend der militärische Despotismus, ihr natürlicher Chef, der angestammte Erbe desselben, Louis Bonaparte.

Gegenüber den Arbeitern wie den Kapitalisten zeichnet sich der Bonapartismus dadurch aus, daß er sie verhindert auf einander loszuschlagen. Das heißt, er schützt die Bourgeoisie vor gewaltsamen Angriffen der Arbeiter, begünstigt ein kleines friedliches Plänkelgefecht zwischen beiden Klassen, und entzieht im Uebrigen den Einen wie den Andern jede Spur politischer Macht. Kein Vereinsrecht, kein Versammlungsrecht, keine Preßfreiheit; ein allgemeines Wahlrecht unter solchem bureaukratischen Druck, daß Oppositionswahlen fast unmöglich sind; eine Polizeiwirthschaft, wie sie selbst in dem polizirten Frankreich bisher unerhört war. Daneben wird ein Theil der Bourgeoisie wie der Arbeiter direkt gekauft; der eine durch colossale Creditschwindeleien, wodurch das Geld der kleinen Kapitalisten in die Tasche der großen gelockt wird; der andere durch colossale Staatsbauten, die neben dem natürlichen, selbstständigen Proletariat ein künstliches, imperialistisches, von der Regierung abhängiges Proletariat in den großen Städten concentriren. Endlich wird dem Nationalstolz geschmeichelt durch scheinbar heroische Kriege, die aber stets mit hoher obrigkeitlicher Erlaubniß Europas gegen den jeweiligen allgemeinen Sündenbock geführt werden, und nur unter solchen Bedingungen, daß der Sieg von vorn herein gesichert ist.

Das Höchste, was unter einer solchen Regierung für die Arbeiter wie für die Bourgeoisie herauskommt, ist, daß sie sich vom Kampfe ausruhen, daß die Industrie sich — unter sonst günstigen Umständen — stark entwickelt, daß also die Elemente eines neuen und heftigeren Kampfes sich ausbilden, und daß dieser Kampf ausbricht, sobald das Bedürfniß eines solchen Ruhepunktes nicht mehr existirt. Es wäre die höchste Höhe der Thorheit, mehr zu erwarten für die Arbeiter von einer Regierung, die gerade bloß dazu existirt, die Arbeiter gegenüber der Bourgeoisie im Zaume zu halten. —

Kommen wir nun auf den uns speciell vorliegenden Fall. Was kann die Reaktion in Preußen der Arbeiterpartei bieten? Kann diese Reaktion der Arbeiterklasse einen wirklichen Antheil an der politischen Macht bieten? — Unbedingt nein. Erstens ist es in der neueren Geschichte, weder Englands noch Frankreichs, je vorgekommen, daß eine reaktionäre Regierung dies gethan hätte. Zweitens handelt es sich in dem gegenwärtigen Kampf in Preußen ja gerade darum, ob die Regierung alle wirkliche Macht in sich vereinigen, oder sie mit dem Parlament theilen soll. Und die Regierung wird wahrlich nicht alle Mittel aufbieten, der Bourgeoisie die Macht zu entreißen, bloß um diese Macht nachher dem Proletariat zu schenken!

Die Feudalaristokratie und die Bureaukratie können ihre wirkliche Macht in Preußen behalten auch ohne parlamentarische Vertretung. Ihre traditionelle Stellung am Hof, in der Armee, im Beamtenthum garantirt ihnen diese Macht. Sie dürfen sogar keine besondere Vertretung wünschen, denn Adels- und Beamtenkammern, wie Manteuffel sie hatte, sind heutzutage auf die Dauer in Preußen doch unmöglich. Sie wünschen daher auch die ganze Kammerwirthschaft zum Teufel.

Dagegen können Bourgeoisie und Arbeiter eine wirkliche geregelte politische Macht nur durch parlamentarische Vertretung ausüben; und diese parlamentarische Vertretung ist nur dann etwas werth, wenn sie mitzureden und mitzubeschließen hat, mit andern Worten, wenn sie „den Knopf auf dem Beutel" halten kann. Das ist ja aber gerade, was Bismarck eingestandener Maßen verhindern will. Wir fragen: ist es das Interesse der Arbeiter, daß dies Parlament aller Macht beraubt werde, dies Parlament, in das sie selbst durch Erringung des allgemeinen direkten Wahlrechts einzutreten und worin sie einst die Majorität zu bilden hoffen? Ist es ihr Interesse, alle Hebel der Agitation in Bewegung zu setzen, um in eine Versammlung zu kommen, die schließlich doch nichts zu sagen hat? Sicherlich nicht. Wenn nun aber die Regierung das bestehende Wahlgesetz umstieße, und das allgemeine direkte Wahlrecht octroyirte? Ja, wenn! Wenn die Regierung einen solchen Bonapartistischen Streich machte, und die Arbeiter gingen darauf ein, so hätten sie ja damit schon von vorn herein der Regierung das Recht zuerkannt, durch eine neue Octroyirung, sobald es ihr beliebte, das allgemeine direkte Wahlrecht auch wieder aufzuheben, und was wäre da das ganze allgemeine direkte Wahlrecht werth?

Wenn die Regierung das allgemeine direkte Wahlrecht oktroyirte, so würde sie es von vornherein so verklausuliren, daß es eben kein allgemeines direktes Wahlrecht mehr wäre.

Und was selbst das allgemeine direkte Wahlrecht angeht, so braucht man nur nach Frankreich zu gehen, um sich zu überzeugen, welche zahmen Wahlen man damit zu Stande bringen kann, sobald man eine zahlreiche stupide Landbevölkerung, eine wohlorganisirte Bureaukratie, eine gut gemaßregelte Presse, durch Polizei hinreichend niedergehaltene Vereine, und gar keine politischen Versammlungen hat. Wie viel Vertreter der Arbeiter bringt denn das allgemeine direkte Stimmrecht in die französische Kammer? Und doch hat das französische Proletariat vor dem deutschen eine weit größere Koncentration und eine längere Erfahrung im Kampf und in der Organisation voraus.

Dies bringt uns noch auf einen andern Punkt. In Deutschland ist die Landbevölkerung doppelt so stark wie die Städtebevölkerung, d. h. es leben $2/3$ vom Ackerbau, $1/3$ von der Industrie. Und da der große Grundbesitz in Deutschland die Regel, und der kleine Parzellenbauer die Ausnahme ist, so heißt das mit andern Worten: daß wenn $1/3$ der Arbeiter unter dem Kommando des Kapitalisten stehn, so stehn ⅔ unter dem Kommando des Feudalherrn. Die Leute, welche in einem fort über die Kapitalisten herfallen, aber gegen die Feudalen kein Wörtchen des Zorns haben, mögen sich dies zu Gemüthe führen. Die Feudalen beuten in Deutschland doppelt so viel Arbeiter aus wie die Bourgeois; sie sind in Deutschland ganz ebenso direkte Gegner der Arbeiter wie die Kapitalisten. Das ist aber noch lange nicht Alles. Die patriarchalische Wirthschaft auf den alten Feudalgütern bringt eine angestammte Abhängigkeit des ländlichen Tagelöhners oder Häuslers von seinem „gnädigen Herrn" zu Wege, die dem Ackerbauproletarier den Eintritt in die Bewegung der städtischen Arbeiter sehr erschwert. Die Pfaffen, die systematische Verdummung auf dem Lande, der schlechte Schulunterricht, die Abgeschlossenheit der Leute von aller Welt, thun den Rest. Das Ackerbauproletariat ist derjenige Theil der Arbeiterklasse, dem seine eignen Interessen, seine eigne gesellschaftliche Stellung am schwersten und am letzten klar werden, mit andern Worten, derjenige Theil, der am längsten ein bewußtloses Werkzeug in der Hand der ihn ausbeutenden, bevorzugten Klasse bleibt. Und welche Klasse ist dies? In Deutschland, nicht die Bourgeoisie, sondern der Feudaladel. Nun hat selbst in Frankreich, wo doch fast nur freie grundbesitzende Bauern existiren, wo der Feudaladel aller politischen Macht längst beraubt ist, das allgemeine Stimmrecht die Arbeiter nicht in die Kammer gebracht, sondern sie fast ganz davon ausgeschlossen. Was würde das Resultat des allgemeinen Stimmrechts in Deutschland sein, wo der Feudaladel noch eine wirkliche soziale und politische Macht ist, und wo zwei Ackerbautagelöhner auf einen industriellen Arbeiter kommen? Die Bekämpfung der feudalen und bureaukratischen Reaktion — denn beide sind bei uns jetzt untrennbar — ist in Deutschland gleichbedeutend mit dem Kampf für geistige und politische Emancipation des Landproletariats — und solange das Landproletariat nicht in die Bewegung mit hineingerissen wird, solange kann und wird das städtische Proletariat in Deutschland nicht das Geringste ausrichten, solange ist das allgemeine direkte Wahlrecht für das Proletariat keine Waffe, sondern ein F a l l s t r i c k.

Vielleicht wird diese sehr offenherzige, aber nöthige Auseinandersetzung die Feudalen ermuthigen, für das allgemeine directe Wahlrecht aufzutreten. Um so besser.

Oder sollte die Regierung nur deswegen die Presse, das Vereinsrecht, das Versammlungsrecht der bürgerlichen Opposition gegenüber verkümmern (wenn überhaupt an den jetzigen Zuständen noch viel zu verkümmern ist), um den Arbeitern ein Geschenk mit einer freien Presse, freiem Vereins- und Versammlungsrecht zu machen? In der That, geht nicht die Arbeiterbewegung ruhig und ungestört ihren Gang?

Da liegt ja gerade der Hase im Pfeffer. Die Regierung w e i ß, und die Bourgeoisie weiß auch, daß die ganze jetzige deutsche Arbeiterbewegung nur g e d u l d e t ist, nur solange lebt, wie es der Regierung b e l i e b t. Solange der Regierung damit gedient ist, daß diese Bewegung besteht, daß der bürgerlichen Opposition neue, unabhängige Gegner erwachsen, solange wird sie diese Bewegung dulden. Von dem Augenblick an, wo diese Bewegung die Arbeiter zu einer selbstständigen Macht entwickelt, wo sie dadurch der Regierung gefährlich wird, hört die Sache sofort auf. Die Art und Weise, wie den Fortschrittlern die Agitation in Presse, Vereinen und Versammlungen gelegt worden ist, möge den Arbeitern zur Warnung dienen. Dieselben Gesetze, Verordnungen und Maßregeln, welche da in Anwendung gebracht worden sind, können jeden Tag gegen sie angewandt werden, und ihrer Agitation den Garaus machen; sie werden es, sobald diese Agitation gefährlich wird. Es ist von der höchften Wichtigkeit, daß die Arbeiter in diesem Punkte klar sehen, daß sie nicht derselben Täuschung verfallen wie die Bourgeoisie unter der neuen Aera, wo sie ebenfalls nur **geduldet** war, aber bereits im Sattel zu sein glaubte. Und wenn Jemand sich einbilden sollte, die jetzige Regierung würde die Presse, das Vereinsrecht und Versammlungsrecht von den jetzigen Fesseln befreien, so gehörte er eben zu den Leuten, mit denen nicht mehr zu sprechen ist. Und ohne Preßfreiheit, Vereins- und Versammlungsrecht ist keine Arbeiterbewegung möglich.

Die bestehende Regierung in Preußen ist nicht so einfältig, daß sie sich selbst den Hals abschneiden sollte. Und wenn es dahin käme, daß die Reaktion dem deutschen Proletariat einige politische Scheinkonzessionen hinwerfen sollte, um es damit zu ködern — dann wird hoffentlich das deutsche Proletariat antworten mit den stolzen Worten des alten Hildebrandsliedes:

Mit gêru scal man geba infâhan, ort widar orte.

„Mit dem Speere soll man Gabe empfangen, Spitze gegen Spitze."

Was die **sozialen** Konzessionen betrifft, die die Reaktion den Arbeitern machen könnte — Verkürzung der Arbeitszeit in den Fabriken, bessere Handhabung der Fabrikgesetze, Coalitionsrecht u. s. w. — so beweist die Erfahrung aller Länder, daß die Reaktion solche Anträge stellt, ohne daß die Arbeiter ihr das Geringste als Entgelt zu bieten haben. Die Reaktion hat die Arbeiter nöthig, die Arbeiter aber nicht die Reaktion. So lange die Arbeiter also in ihrer eignen selbstständigen Agitation auf diesen Punkten bestehen, so können sie darauf rechnen, daß der Moment eintreten wird, wo reaktionäre Elemente dieselben Forderungen aufstellen, bloß um die Bourgeoisie zu chicaniren; und damit gewinnen die Arbeiter Erfolge gegenüber der Bourgeoisie, ohne der Reaktion irgend welchen Dank schuldig zu sein. —

Wenn aber die Arbeiterpartei von der Reaktion Nichts zu erwarten hat, als kleine Konzessionen, die ihr ohnehin zufließen, ohne daß sie darum betteln zu gehen braucht — was hat sie dann von der bürgerlichen Opposition zu erwarten?

Wir haben gesehen, daß Bourgeoisie und Proletariat beides Kinder einer neuen Epoche sind, daß sie Beide in ihrer gesellschaftlichen Thätigkeit darauf hinarbeiten, die Reste des aus früherer Zeit überkommenen Gerümpels zu beseitigen. Sie haben zwar unter sich einen sehr ernsten Kampf auszumachen, aber dieser Kampf kann erst ausgefochten werden, wenn sie einander allein gegenüberstehen. Erst dadurch daß der alte Plunder über Bord fliegt, wird „klar Schiff zum Gefecht" gemacht — nur daß diesmal das Gefecht nicht zwischen zwei Schiffen, sondern am Bord des Einen Schiffs, zwischen Offizieren und Mannschaft geschlagen wird.

Die Bourgeoisie kann ihre politische Herrschaft nicht erkämpfen, diese politische Herrschaft nicht in einer Verfassung und in Gesetzen ausdrücken, ohne gleichzeitig dem Proletariat Waffen in die Hand zu geben. Gegenüber den alten, durch Geburt unterschiedenen Ständen muß sie die Menschenrechte, gegenüber dem Zunftwesen die Handels- und Gewerbefreiheit, gegenüber der bureaukratischen Bevormundung die Freiheit und die Selbstregierung auf ihre Fahne schreiben. Consequenter Weise muß sie also das allgemeine direkte Wahlrecht, Preß-, Vereins- und Versammlungsfreiheit und Aufhebung aller Ausnahmsgesetze gegen einzelne Klassen der Bevölkerung verlangen. Dies ist aber auch Alles, was das Proletariat von ihr zu verlangen braucht. Es kann nicht fordern, daß die Bourgeoisie aufhöre Bourgeoisie zu sein, aber wohl daß sie ihre eigenen Prinzipien consequent durchführe. Damit bekommt das Proletariat aber auch alle die Waffen in die Hand, deren es zu seinem endlichen Siege bedarf. Mit der Preßfreiheit, dem Versammlungs- und Vereinsrechte erobert es sich das allgemeine Stimmrecht, mit dem allgemeinen direkten Stimmrecht, in Vereinigung mit den obigen Agitations= mitteln, alles Uebrige. Es ist also das Interesse der Arbeiter, die Bourgeoisie in ihrem Kampfe gegen alle reaktionären Elemente zu unterstützen, so lange sie sich selbst treu bleibt. Jede Eroberung, die die Bourgeoisie der Reaktion abzwingt, kommt, unter dieser Bedingung, der Arbeiterklasse schließlich zu gut. Diesen rich= tigen Instinkt haben die deutschen Arbeiter auch gehabt. Sie haben, mit vollem Recht, in allen deutschen Staaten, überall für die radikalsten Kandidaten gestimmt, die Aussicht zum Durch= kommen hatten.

Aber wenn nun die Bourgeoisie sich selbst untreu wird, ihre eigenen Klassen=Interessen und die daraus folgenden Prin= zipien verräth?

Dann bleiben den Arbeitern zwei Wege übrig!

Entweder die Bourgeoisie gegen ihren Willen voranzu= treiben, sie soweit möglich zu zwingen, das Wahlrecht auszu= dehnen, die Presse, die Vereine und Versammlungen zu befreien, und damit dem Proletariat ein Gebiet zu schaffen, auf dem es sich frei bewegen und sich organisiren kann. Dies haben die englischen Arbeiter seit der Reformbill von 1832, die französischen Arbeiter seit der Julirevolution 1830 gethan, und gerade durch und mit die= ser Bewegung, deren nächste Ziele rein bürgerlicher Natur waren, ihre eigene Entwicklung und Organisation mehr als durch irgend ein anderes Mittel gefördert. Dieser Fall wird immer eintreten, denn die Bourgeoisie, bei ihrem Mangel an politischem Muth, wird sich von Zeit zu Zeit überall untreu.

Oder aber, die Arbeiter ziehen sich ganz von der bürger= lichen Bewegung zurück und überlassen die Bourgeoisie ihrem Schicksale. Dieser Fall trat in England, Frankreich und Deutsch= land nach dem Scheitern der europäischen Arbeiterbewegung von 1848—50 ein. Er ist nur möglich nach gewaltsamen und momentanen fruchtlosen Anstrengungen, nach denen die Klasse Ruhe bedarf. Im gesunden Zustand der Arbeiterklasse ist er unmöglich; er käme ja einer vollständigen politischen Abdankung gleich, und deren ist eine ihrer Natur nach muthige Klasse, eine Klasse, die Nichts zu verlieren und Alles zu gewinnen hat, auf die Dauer unfähig.

Selbst in dem äußersten Fall, daß die Bourgeoisie, aus Furcht vor den Arbeitern, sich unter der Schürze der Reaktion verkriechen, und an die Macht der ihr feindlichen Elemente um Schutz gegen die Arbeiter appelliren sollte — selbst dann wird der Arbeiterpartei nichts übrig bleiben, als die von den Bürgern verrathene Agitation für bürgerliche Freiheit, Preßfreiheit, Versammlungs- und Vereinsrecht trotz der Bürger fortzuführen. Ohne diese Freiheiten kann sie selbst sich nicht frei bewegen; sie kämpft in diesem Kampf für ihr eigenes Lebenselement, für die Luft, die sie zum Athmen nöthig hat.

Es versteht sich von selbst, daß in allen diesen Fällen die Arbeiterpartei nicht als der bloße Schwanz der Bourgeoisie, sondern als eine durchaus von ihr unterschiedene, selbstständige Partei auftreten wird. Sie wird der Bourgeoisie bei jeder Gelegenheit ins Gedächtniß rufen, daß die Klasseninteressen der Arbeiter denen der Kapitalisten direkt entgegengesetzt, und daß die Arbeiter sich dessen bewußt sind. Sie wird ihre eigene Organisation gegenüber der Parteiorganisation der Bourgeoisie festhalten und fortbilden, und mit der letzteren nur unterhandeln wie eine Macht mit der andern. Auf diese Weise wird sie sich eine achtunggebietende Stellung sichern, die einzelnen Arbeiter über ihre Klasseninteressen aufklären, und bei dem nächsten revolutionären Sturm — und diese Stürme sind ja jetzt von so regelmäßiger Wiederkehr wie die Handelskrisen und Aequinoctialstürme — zum Handeln bereit sein.

Daraus folgt die Politik der Arbeiterpartei in dem preußischen Verfassungskonflikt von selbst.

Die Arbeiterpartei vor Allem organisirt erhalten, soweit es die jetzigen Zustände zulassen;

die Fortschrittspartei vorantreiben zum w i r k l i c h e n Fortschreiten, soweit das möglich; sie nöthigen, ihr eigenes Programm radikaler zu machen und daran zu halten; jede ihrer Inconsequenzen und Schwächen unnachsichtlich züchtigen und lächerlich machen;

die eigentliche Militärfrage gehen lassen wie sie geht, in dem Bewußtsein, daß die Arbeiterpartei auch einmal ihre eigene, d e u t s c h e „Armee-Reorganisation" machen wird;

der Reaktion aber auf ihre heuchlerischen Lockungen antworten: „Mit dem Speere soll man Gabe empfangen", „Spitze gegen Spitze".